Georg A. Weth

»*Ick will wat Feinet*«

Das
Marlene Dietrich
Kochbuch

Rütten & Loening Berlin

Inhalt

Vorweg 7
Frühstück bei Marlene 9
Sie ging aus 17
Rübenkindheit 33
Über die Meere 41
Hollywood-Lüge 51
»Herr Dietrich, der Gourmet« 57
Sie kochte, kochte und kochte 69
Wundermittel Kraftbrühe 77
Gesundheitsapostel 83
Wie Wind und Wasser 91
Aus Marlene wird Lili Marlen 109
Handtuch-, Servietten- und Schmierrezepte 115
Und sonst 127
Von einer Deutschen 135
Grab bei einem Fünfsterne-Restaurant 143

Lebensdaten 155
Dank 157
Rechtenachweis 157
Bildnachweis 158
Die Köche und ihre Häuser 159
Rezeptregister 165

Georg A. Weth mit Markus Auer (links)

Vorweg

Viele der heute museal archivierten Stücke wie zum Beispiel abgebrannte Streichhölzer, Putz- und Waschlappen, diverse Löffel, gebrauchte Blumenschleifen, Geschenkpapier, Schnürrriemen, Knieschoner, Zeitungen, Klopapierrollen, Medizinfläschchen oder Tablettenröhrchen lagen zuvor in den diebstahlsicheren Depots von Los Angeles, New York, London, Paris und Genf. Außerdem eine Käthe-Kruse-Puppe in Lebensgröße, »Träumerchen« genannt und mit dem Gewicht eines Babys, Hunderte von Schminktöpfen, Scheinwerferfilter, 3000 textile Objekte von den zwanziger bis zu den neunziger Jahren, 70 Handtaschen, 430 Paar Schuhe, 400 Hüte, 16500 Fotos, unzählige Bücher, Schrank- und Überseekoffer, Küchenhandtücher, Schürzen, Terminplaner, Tagebücher, Kochrezepte, Kochbücher und unzählige Dinge mehr – die Dame, die diese Exponate sammelte, ahnte vielleicht, daß alles, was ihre Hände jemals berührten, wertvolle Kultgegenstände werden oder als Zeitdokumente Museumsräume füllen würden.

Tatsächlich wurde der Nachlaß Marlene Dietrichs für acht Millionen Deutsche Mark am 24. Oktober 1993 dem Land Berlin und somit der Stiftung »Deutsche Kinemathek« als »Marlene Dietrich Collection« übergeben. Ein Teil dieser unüberschaubaren, jedoch wohlgeordneten Sammlung ist im Sony Center am Potsdamer Platz in Berlin als Dauerausstellung der Öffentlichkeit zugänglich.

Ich sitze im Archiv in der Spandauer Streitstraße. Aus einer Reihe mit weißen Laken gespenstisch verhüllter lebensgroßer Puppen dringt das erhobene Antlitz eines vergoldeten Wesens, das einen Frack Marlenes trägt. Daneben Dutzende von Schuhpaaren, Regale voll von Büchern, die durch Schrankkoffer nahezu verdeckt werden. Hier liegt ihre berühmte Geige, an der noch das Schild mit der Aufschrift »Siebert« hängt, und auch das »Träumerchen«, an dem die Dietrich die Babypflege für die Kinder ihrer Tochter erlernte.

Ihre roten, schwarzen und blauen Terminplaner und Tagebücher hüten noch den Geruch des kalten Zigarettenrauches und den Duft ihres Parfüms zwischen den Seiten. Ich durchstöbere ihre fett- und soßenbefleckten Kochbücher und fühle mich als Eroberer eines Teils ihres Daseins. Alle wichtigen Lebensabschnitte verband die Schauspielerin und passionierte Köchin mit dem Essen. Wenn sie nicht gerade selbst Berliner Hausmannskost kochte, ließ sie sich von ausgewählten Spitzenköchen fürstlich auftischen oder tafelte gleich in First-Class-Restaurants.

Dank ihrer Aufzeichnungen, oftmals als Randnotizen in den Terminplanern verschlüsselt, auf Rückseiten von Geschäftsbriefen, auf Geschirrhandtüchern, aus Kochbüchern und ihren Memoiren, dank Maria Rivas Werk über ihre Mutter und dank der Gespräche mit Zeitgenossen konnte ich den kulinarischen Lebensweg dieses Weltstars nachvollziehen, der hier dokumentiert wird.

Nachdem das Buchprojekt bekannt wurde, meldete sich bei der Redaktion von »Savoir Vivre« ein Mann namens Markus Auer, der als »Gérant et Directeur de la Restauration« des »Maison D'Allemagne« in Paris zum letzten Leibkoch der alternden und kränkelnden Diva avancierte, heute ist er der Besitzer der »Badischen Weinstube« in Bad Grönenbach im Allgäu. Mit seiner Unterstützung wurden Marlenes Rezepte durch einige ihrer Lieblingsspeisen aus ihren letzten Jahren sowie die nicht nur kulinarischen Erlebnisse des Kochs mit der Schauspielerin auf interessante Weise ergänzt.

Georg A. Weth

Frühstück bei Marlene

Marlene Dietrich mit Brian Aherne,
ihrem Filmpartner in »Song of Songs«,
im Restaurant der Paramount-Studios, um 1933

*P*aris, fünf Uhr morgens an einem naßkalten nebligen Novembertag des Jahres 1989, ein junger Mann hetzt durch die Straßen, seine struppigen Haare übertragen den Rhythmus seiner stolpernden Schritte auf den hochgeschlagenen Mantelkragen, die Hände vergräbt er tief in den Taschen. Er biegt um die Ecke in die Rue Pierre Charron, steuert unbeirrt auf das Haus Nr. 45 zu, in dem das Feinschmeckerlokal „Maison d'Allemagne« schon längst seine gastfreundlichen Pforten geschlossen hat.

Nur eine rotblinkende Lampe durchbricht die Dunkelheit der Restaurantfenster. Die Alarmanlage krächzt, als läge sie in den letzten Zügen. Der atemlose Mann drückt sein Gesicht an die Fensterscheiben. Vorsichtig rüttelt er an der Eingangstür. Verschlossen! Er öffnet und verschwindet in den nachtschwarzen Innenraum. Kurze Zeit darauf fällt strahlendes Licht durch die Fenster des Lokals, und das entnervende Geheul der Alarmanlage weicht wieder der Stille des frühen Morgens.

Markus Auer heißt der sechsundzwanzigjährige Mann, er ist der Chefkoch dieses bedeutenden Pariser Restaurants, das die Gourmets mit deutschen Spezialitäten erfreut. »Gérant et Directeur de Cuisine mit Sonderaufgaben« lautet sein genauer Titel, und zu diesen Sonderaufgaben gehört auch die Betreuung der Alarmanlage, die mit seinem Privattelefon kurzgeschlossen ist, da sich die Polizei schon seit langem nicht mehr darum kümmert. Der dritte Fehlalarm in diesem Monat. Wenn er sich jetzt beeilt, kann er sich noch drei Stunden hinlegen. Er löscht das Licht. Im selben Augenblick klingelt das Telefon. Er flucht und hält doch pflichtbewußt den Hörer ans Ohr:

»Hallo?«

»Schätzchen, ick will wat Feinet. Bring mir ein schönes Frühstück!«

Sofort erkennt er die Stimme.

»Liebe Frau Dietrich«, stöhnt er mit einem langen Atemzug ins Telefon, »wissen Sie, wie früh es ist?«

»Ich bin doch nicht meschugge! Es ist Viertel nach fünf. Ich kann nicht schlafen. Also frühstücke ich jetzt ...«

Markus Auer liebt seinen großen Star, für den er immer wieder kochen darf, aber in solchen Augenblicken muß er tief durchatmen.

»Frühstück bei Marlene« wurde in den Glanzzeiten der Diva zum geflügelten Wort. Wie oft eröffnet die Eintragung »Breakfast« in ihren Tagebüchern und Terminplanern den Tagesablauf, und wenn dahinter steht, mit wem sie das Frühstück einnahm, weiß man heute mit nahezu hundertprozentiger Sicherheit, daß es sich um einen ihrer Liebhaber männlichen oder weiblichen Geschlechts handelte. Josef von Sternberg, Yul Brynner, Kirk Douglas, Erich Maria Remarque, Jean Gabin, Edith Piaf, Maurice Chevalier, Frank Sinatra – eine Buchseite reicht nicht aus, sie alle aufzuzählen.

Wenn sie verliebt war, zog sie ihre schönsten Morgengewänder an, bereitete höchstpersönlich das Frühstück in der Küche vor und deckte einen fürstlichen Tisch.

Maria Riva, ihre Tochter, schildert ein Frühstück mit von Sternberg:

»Meistens erschien von Sternberg in schneeweißen Flanellhosen, Seidenhemd und breitem Seidenschlips zum Frühstück im Garten. Meine Mutter servierte ihm ihre berühmten Rühreier unter unserem großen marineblauen Sonnenschirm mit weißen Fransen, der vorzüglich zu der prunkvollen Garnitur gepolsterter schmiedeeiserner Armstühle und dem Glastisch paßte. Das Sterlingsilber blitzte, das Porzellan glänzte, und das Kristall funkelte. Meine Mutter trug einen cremefarbenen, seidenen Hausanzug und einen breitkrempigen Organzahut; der Wind ließ die Bananenblätter rascheln, im Pool spiegelte sich das strahlende Blau des wolkenlosen Himmels wider. Ein ganz gewöhnliches Hollywood-Frühstück.« (1/119)

Dann beschreibt ihre Tochter die »berühmten Rühreier« ihrer Mutter. Tatsächlich maß sie die Qualitäten ihrer Liebhaber daran, was sie zu den von ihr kreierten Rühreiern sagten, ob sie dieselben mit großem oder kleinem Appetit aßen oder ob sie die Eierspeise mit irgendwelchen Ausreden zur Seite schoben. Sie sah darin eine Art Test der Sinnenlust ihrer Männer. Das wohl etwas übertriebene Rezept zu den Rühreiern ist denkbar einfach: Ein Pfund Butter für drei Eier! (1/304) Wenn ein geliebter Gast diese Götter- oder Teufelsspeise ablehnte, wurde er aus der intimen Freundschaft ausgeschlossen.

Ganz anders nahm die Dietrich ihr petit déjeuner im privaten Familienkreis ein. Dabei las sie Zeitung, rauchte Zigaretten und trank im Umhergehen einige Tassen Kaffee. Sie redete über Gott und die Welt, hörte nicht zu, wenn jemand anderer Meinung war, und akzeptierte keine Diskussionen.

In den frühen Hollywood-Jahren verabscheute sie Orangensaft zum Frühstück, da sie es für schädlich hielt, dem Magen schon in den Morgenstunden Säure zuzuführen. Dafür liebte sie Kuchen, vor allem Gugelhupf. »Gleichgültig wie heiß es war, der Ofen meiner Mutter rauchte! Und immer dasselbe Rezept! Wenn man den besten Gugelhupf der Welt machen kann, warum sollte man dann etwas anderes backen? Genau wie mit ihrer Karriere: Versuche nicht an der Perfektion zu basteln, wiederhole sie einfach!« (1/201)

Sie betrachtete den Genuß von Obst als Zeitverschwendung und lehnte es ab, schon früh am Morgen Champagner zu trinken. In ihren letzten Lebensjahrzehnten änderte sich dies jedoch, denn sie glaubte, ihre Beinschmerzen würden mit zwei Gläsern Schampus zum Frühstück nachlassen.

Trotz dieser Wankelmütigkeit hatte sie das große Talent, sich besonderen Situationen anzupassen. Während der Truppenbetreuung im Zweiten Weltkrieg war an ein normales Frühstück kaum zu denken, und auch in der Nachkriegszeit wußte sie einen »Muckefuck«, für den man »eine Kaffeebohne durch das heiße Wasser schoß«, zu schätzen. Einmal bastelte sie sich aus einem alten Unterhöschen sogar einen kleinen Teestrumpf, auch wenn der Tee dadurch »furchtbar wie Seife« schmeckte. (1/649)

Markus Auer hat das Frühstück für die Dietrich zusammengestellt:
2 bayerische Laugenbrezeln, frisch aus dem Backofen
4 Scheiben rheinisches Schwarzbrot
Apfel- und Kirschmarmelade
150 Gramm deutscher Aufschnitt
150 Gramm hauchzart geschnittener Schwarzwälder Schinken
einige Stückchen der feinsten Allgäuer Käsespezialitäten

Schwarzwälder Kirschtorte
Obst
Champagner von Charles Heidsieck

Es ist 6.30 Uhr morgens, als Markus Auer in die nahe gelegene Avenue des Dietrich-Hauses kommt. Die Eingangspforte ist verschlossen, also klingelt er den Concièrge aus dem Schlaf – sie kennen sich schon. Ihr wortkarges Morgengespräch gibt davon Zeugnis:
»So früh?«
»So ist das Leben.«
»Frühstück für Madame?«
»Einen erwischt es immer!«
Markus erhält das größte Heiligtum der Pförtnerloge des Apartmenthauses – den Schlüssel zu Marlene Dietrichs Reich. Er öffnet die Wohnungstür, diffuses Licht dringt aus dem Schlafzimmer. Ihre gereizte Stimme donnert durch die Wohnung:
»Da sind Sie ja endlich! Wollen Sie mich verhungern lassen?«
»Madame, es ist mir eine besondere Ehre, Sie so früh bedienen zu dürfen.«
»Quatsch. Kommen Sie herein!«

Rühreier à la Marlene
(für 1 Person)

3 Eier
2 EL Mineralwasser
1/2 TL Salz
1 Msp. Pfeffer, 1 Msp. Thymian
1 EL Petersilie, 1 EL Schnittlauch
2 EL Sahne
200 g (oder mehr?) Butter

Zubereitung

Die Eier aufschlagen und in eine Schüssel geben. Mit Mineralwasser, Salz und Pfeffer, Thymian und feingehackter frischer Petersilie verquirlen. Anschließend die Sahne zugeben.

Die Pfanne auf dem Herd heiß werden und die Butter in der Pfanne verlaufen lassen, Eier hineingeben und etwas stocken lassen, dann mit einem Holzlöffel leicht bewegen, damit sie großflockig bleiben.

Nach ca. 5 Minuten Bratzeit auf einen Teller kippen, die restliche braune Butter dazugießen und mit frischem kleingeschnittenen Schnittlauch bestreuen.

Dietrichscher Gugelhupf
(für 4 Personen)

500 g Mehl
50 g Hefe
1/8 l lauwarme Milch
200 g Butter
120 g Zucker
abgeriebene Schale einer Zitrone
4 Eier, 2 Eigelb
1 Prise Salz, geriebene Muskatnuß
50 g gewaschene Rosinen
4 EL Sahne
50 g Orangeat
50 g geschnittene Mandeln
2 EL Rum
3 EL Puderzucker

ZUBEREITUNG

Das gesiebte Mehl in eine Schüssel geben, und in der Mitte eine Mulde schaffen. In diese gibt man die zerkleinerte Hefe mit der lauwarmen Milch und einem Löffel Zucker; verrühren und zugedeckt gehen lassen.

Den Zucker mit der Butter verrühren, die Eier und die Eigelbe, Zitronenschale, Salz, Muskat und die Sahne hinzurühren. Das Orangeat mit den kleingeschnittenen Mandeln vermischen und mit Rum tränken. Das Ganze einige Minuten ziehen lassen. Der zugedeckte Hefeteig wird jetzt mit dem Gemisch verrührt, bis ein glatter flaumiger Hefeteig entsteht. Die Gugelhupfform ist bereits mit Butter ausgestrichen, so daß der Teig in die Form gefüllt wird und an einem ruhigen Ort mindestens 30 Minuten aufgehen kann.

Den Backofen auf 150° C vorheizen, dann den aufgegangenen Gugelhupf ca. 60 Minuten backen. Etwas abkühlen lassen, auf einen Teller stürzen und mit Puderzucker leicht bestreuen.

Sie ging aus

*Die dunkle Brille.
Marlene Dietrich trug sie schon
in den dreißiger Jahren,
als sie das erste Mal nach Paris kam.*

*P*er Telefon lernten sich Auer und Dietrich kennen:
»Sprechen Sie mit la comtesse!«
»Kenn' ich nicht.«
»Sie werden sie kennenlernen!«

Mit diesen Worten drückt die Sekretärin des »Maison d'Allemagne« dem Gérant et Chef de Cuisine, Markus Auer, den Telefonhörer in die Hand.

»Ja, Auer.«
»Der Neue?«
»Ich bin seit zwei Wochen Chef de Cuisine im Maison d'Allemagne.«
»Wissen Sie, mit wem Sie sprechen?«
»Nein.«
»Dietrich, Marlene Dietrich.«
»Was kann ich für Sie … sagten Sie soeben Marlene Dietrich?«
»Kindchen, es gibt nur eine Marlene, und die bin ich.«

Markus Auer fehlen die Worte.

»Natürlich«, stammelt er nach einer Weile in den Hörer.
»Erzählen Sie mal ein wenig über Ihr Leben. Ich lasse mich des öfteren bekochen vom Deutschen Haus, und da möchte ich schon wissen, wem ich meinen Magen anvertraue.«

Der Chefkoch berichtet der wißbegierigen Marlene Dietrich, daß er sechsundzwanzig Jahre alt ist und seinen Küchenmeister als Vierundzwanzigjähriger mit der allerbesten Benotung machte. Die bisherige berufliche Laufbahn führte ihn nach München zu Eckart Witzigmann, zu Gualtiero Marchesi nach Mailand, der in Italien als einziger mit 3 Michelin-Sternen ausgezeichnet ist, und nach New York zum »Food Emporium«.

»Sind Sie verheiratet?«
»Nein.«
»Haben Sie eine Freundin?«
»Ja.«

»Wie heißt sie?«
»Virginie.«
»Aha, eine Französin. Machen Sie nie Kinder mit ihr. Es ist nur eine Belastung. Für wen haben Sie schon gekocht?«
»Sophia Loren und Carlo Ponti, Roman Polanski, Jean Marrais, François Mitterrand, Stéphanie von Monaco, Alain Delon, Françoise Sagan ...«
»Die leben alle noch. Da Sie sie nicht vergiftet haben, können Sie auch für mich kochen. Zum Abendessen möchte ich Rheinischen Sauerbraten mit rohen Kartoffelklößen und Blaukraut, dazu eine Flasche Badischen Wein, am liebsten einen trockenen Silvaner. Das Dinner erwarte ich um 20.30 Uhr. Ich sage dem Concierge Bescheid, daß er Sie zu mir begleitet.« Ohne sich zu verabschieden, hängt sie ein.

Auer erfährt durch seine Kollegen, daß die Dietrich, seitdem sie sich in ihre Pariser Wohnung zurückgezogen hat, Spezialitäten vom »Maison d'Allemagne« bezieht. Es liegt in unmittelbarer Nähe ihrer Wohnung, im sogenannten »Triangle D'Or« im achten Arrondissement. Das Haus verfügt über ein Restaurant, ein Bistro, zwei Bars und ein deutsches Lebensmittelgeschäft. In der Nachbarschaft sind die berühmten Hotels »George V.« und »Prince de Galles«. Zu Marlenes Wohnung läuft man fünf Minuten.

Donnerstag, 28.9.1989, der Antrittsbesuch von Markus Auer bei Marlene Dietrich.

Mit einer Thermobox und einem etwas mulmigen Gefühl steht er dem Concierge des Hauses in der Avenue Montaigne 12 gegenüber. Seine Kochuniform legitimiert ihn noch lange nicht, als Chef de Cuisine des »Maison d'Allemagne«. Der Ausweis muß vorgezeigt und deponiert werden. Eine Leibesvisitation folgt. Dann wird er gebeten, die Thermobox zu öffnen, denn es könnte ja ein Revolver, schlimmer noch, eine Kamera versteckt sein, die das alternde Idol der Öffentlichkeit preisgibt. Daß man ihr auch vergiftetes Essen bringen könnte, darauf kommt der eifrige Zerberus nicht.

Beide fahren mit dem Aufzug zu Marlenes Wohnung. Sie stehen sich wortlos gegenüber, wie Rivalen, die um eine Frau kämpfen. Oben angelangt öffnet der Portier die Tür zum Reich der Diva. Auer zögert hineinzugehen.

»Kommen Sie«, hört er die unverkennbare Stimme von Madame. Im dunklen Flur stehend sieht er ein warmes Licht aus einem Türspalt dringen.
»Na, wird's bald, ich fresse Sie nicht auf.«
Höflich klopft er nochmals an.
»Sie sehen doch, die Tür ist auf!«
»Guten Abend!«
»Grüß Gott, sagt man doch im Allgäu.«
»Grüß Gott, Frau Dietrich!«
»Schön, ich liebe Ihren bayerischen Dialekt.«
Er sieht sie aufrecht im Bett sitzen, den Rücken zu ihm gewandt. Vor ihr ein dunkles vorhangloses Fenster. Auer geht auf sie zu.
»Bleiben Sie, wo Sie sind. Sie spiegeln sich im Fenster. Ich sehe Sie sehr gut!«
»Es ist aber unhöflich, wenn ich Sie über den Rücken anspreche!«
»Quatsch! Packen Sie Ihren Koffer aus, stellen Sie das Essen auf den kleinen Tisch vor meinem Bett. Wie alt sind Sie?«
»Sechsundzwanzig.«
»Wie groß sind Sie?«
»Einssiebenundachtzig.«
»Wenn Sie so kochen können, wie Sie aussehen, werde ich zufrieden sein.«
Markus Auer schweigt verlegen.
»Wer sind Ihre Eltern? Wo leben sie? Glauben Sie, daß Ihr Vater und Ihre Mutter mit Ihnen zufrieden sind?«
Fragen über Fragen stellt Marlene Dietrich an ihren designierten Leibkoch, wobei sie ihn immer wieder bittet, »im bayerischen Dialekt« zu antworten.
Als er nach einer halben Stunde geht, ist das mitgebrachte Essen bereits kalt geworden. Er macht sich Sorgen. Hoffentlich hat sie die Möglichkeit, es aufzuwärmen.
Mürrisch empfängt ihn der Concièrge im Hausflur: »Es ist aber nicht sehr rücksichtsvoll, Madame so lange zu belästigen.«
Markus Auer hört nicht zu, denn plötzlich überkommt ihn der Gedanke, daß er Marlene Dietrich besuchte, ohne etwas wahrgenommen zu haben außer einem spärlichen Licht, in dem der Schattenriß vom Rücken einer Frau saß, die mit der Stimme des Weltstars sprach.

Eine Stunde später erhält er einen Anruf der Comtesse. Natürlich eine Beschwerde über das kalte Essen, denkt er sich.

»Markus, Sie haben wundervoll gekocht!«

Wer gut kochen konnte und sie hofierte, ohne große Worte zu machen, der wurde von der Dietrich schnell anerkannt.

Gut zwei Jahre dauerte dieses »Verhältnis«, bei dem ihr Lieblingskoch mit so manchem Geheimnis konfrontiert wurde. Er möchte mit der Wiedergabe einiger Erlebnisse dazu beitragen, seine Eindrücke über den Weltstar der Öffentlichkeit mitzuteilen, auch um das negative Bild »einer alternden, bettlägrigen, egoistischen Schlampe« zu korrigieren.

So wird beispielsweise immer wieder verbreitet, daß Marlene Dietrich, nachdem sie endgültig nach Paris gezogen war, seit 1979 ihr Bett nicht mehr verlassen haben soll. Das eine Mal wird sie als Alkohol- und Tablettensüchtige bezeichnet, das andere Mal als sorgfältige, saubere Hausfrau. Constantin Petru, der als Concièrge im Hause Marlenes arbeitete und sich heute als ihr Freund bezeichnet, stellt fest: »Nie verließ Madame ihr Bett, und doch mußte alles glänzen. Bad, Kacheln, Flur und Möbel.« (2/30)

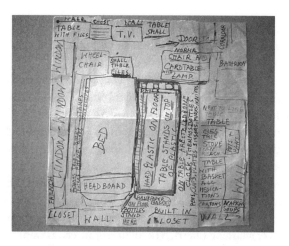

Von Marlene Dietrich skizzierter Grundriß der Einrichtung ihres Schlafzimmers

Maria Riva schreibt: »... sie legte sich ins Bett und stand nie mehr auf...« (1/857)

»Auf der neben ihrem Bett stehenden Lampe meines Vaters kochte sie kleine Mahlzeiten. Als die Lampe zerbrach, ließ sie sich eine altmodische elektrische Kochplatte bringen, die sie mit weiteren elektrischen Apparaturen in die neben dem Urineimer auf dem fleckigen Teppich liegende Mehrfachsteckdose einsteckte.« (1/863)

Und welche Erfahrung machte Markus Auer? »Solange ich ihre Essenswünsche erfüllen durfte – und das war immerhin von September 1989 bis Oktober 1991 –, war sie stets gepflegt und in einer sauberen Umgebung anzutreffen. Wenn auch Berge von Zeitungen wie die Bunte, Berliner Morgenpost, Times und die Süddeutsche Zeitung, versehen mit ihren Randnotizen, im Schlafzimmer lagerten, Bilder berühmter, verstorbener Persönlichkeiten kreuz und quer an den Wänden hingen, so war in dem Chaos doch eine Ordnung zu spüren. Meistens traf ich sie im Bett an, ab und zu auch im Rollstuhl.«

Daß Marlene Dietrich nicht ständig das Bett hütete, belegt Markus Auer mit ihrem Besuch im »Maison d'Allemagne«: Um den 20. Mai 1990 kam sie nach dem offiziellen Mittagstisch im Rollstuhl, begleitet von ihrer Tochter Maria Riva und einem Herrn, in das Bistro des »Maison d'Allemagne«. Schwarz gekleidet, mit dunkler Brille und großem Hut. Von der Öffentlichkeit unerkannt nahmen sie im Bistro Platz und ließen sich vom Chef de Cuisine beraten, der ihnen nachfolgendes Menue servierte:

Potsdamer Kartoffelsalat mit Blutwurst und Eisbein
Schrippe vom Zander und Aal an Grüner-Pfeffer-Sabayon
Frikassee von der Ente und Weichseln mit Kartoffelpuffer
Erbsensorbet mit gebratener Kalbsleber und Äpfeln
Spreewälder Rehbock auf Blaukraut- und Sauerkrautkompott
mit Pastinakenauflauf und Karottenpreiselbeerpüree
Berliner Pfannkuchen auf Heidelbeerkompott
und Zitronenquarkeis

Potsdamer Kartoffelsalat mit Blutwurst und Eisbein

Kartoffelsalat

8 mittelgroße Salatkartoffeln (700 g)
1 Zwiebel
1/2 Gurke
10%iger Weinessig
Salz, weißer gemahlener Pfeffer
Sonnenblumenöl
etwa 1/2 l warme Fleischbrühe
1 EL Butterschmalz

Zubereitung

Kartoffeln in der Schale weich kochen, pellen und auf Handwärme abkühlen lassen, in Scheiben schneiden, feingehackte Zwiebeln hinzufügen, Gurkenscheiben, Pfeffer, Salz und Sonnenblumenöl hinzugeben, abschmecken und zum Schluß die warme Brühe und das geschmolzene Butterschmalz eingießen. Der Salat muß schön feucht sein!

Anrichten

mit ca. 150 g (kleine Kalibrierung) Blutwurst und ca. 250 g vom Metzger gepökeltem Eisbein garnieren. Saucenglace aus Schweins- und Kalbsknochen ziehen.

Garnitur

Halbe Kirschtomaten / Brunnenkresseblüten / Schnittlauchspitzen

Schrippe vom Zander und Aal an Grüner-Pfeffer-Sabayon

ca. 200 g Zander und ca. 200 g Aal
20 g grüner Pfeffer
1/8 l Fischfond
1/8 l trockener Weißwein
1 Ei für das Sabayon
ca. 50 g Butter
2 cl Noilly Prat
1 Zitrone
1/2 Stange Lauch
200 g Brioche (Kastenform, mind. 1 Tag alt)
Salz und Pfeffer zum Abschmecken

ZUBEREITUNG

Brioche in ca. 1/2 cm dicke Scheiben schneiden und zu Rauten (»Schrippen«) zurechtschneiden. Anschließend werden der Zander und Aal ebenfalls in ca. 50 g schwere Rauten zugeschnitten und, leicht in Mehl gewendet, beidseitig kurz in der Butter angebraten. Auf die vorgeschnittenen Briochescheiben geben und wie ein Sandwich mit den vorher blanchierten Lauchstreifen zusammenbinden. Anschließend im Ofen bei 220° C in einem Bräter ca. 5 Minuten gar ziehen lassen. Sabayon herstellen und den grünen Pfeffer zum Schluß dazugeben.

Anrichten
Schrippen auf 4 Teller geben, Sabayon angießen, mit Kräutern garnieren und/oder Strudelfächern von schwarzem Sesam.

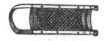

Frikassee von der Ente und Weichseln mit Kartoffelpuffer

ca. 1/2 Ente (1 kg)
kräftiger Rotwein
je 250 g Karotten, Sellerie und Lauch
etwas Thymian und Rosmarin
je 1/2 Apfel und Orange
Weichseln (Kirschen)
400 g Kartoffeln
Butterschmalz zum Ausbacken
frische Kräuter zum Garnieren

Zubereitung

Die Ente mit den Zutaten bis zu den Weichseln zu Frikassee verarbeiten und einkochen lassen. Anschließend das Fleisch vom Knochen lösen und zusammen mit den Weichseln den Bratenfond zur Soße einkochen. Von den geriebenen Kartoffeln Minireibekuchen formen und im heißen Butterschmalz ausbacken. Mit den Kräutern anrichten und servieren.

Erbsensorbet mit gebratener Kalbsleber und Äpfeln

250 g frische Erbsen
50 ml frische Sahne
Saft einer halben Zitrone

Salz, Pfeffer, Zucker
Weißwein, Martini extra dry
ca. 2–3 Eiweiß, eine halbe Stunde in der Eismaschine gefroren
ca. 100 g frische Kalbsleber
1 Apfel
ca. 5 cl Holunderblütenlikör
50 g Butterschmalz

ZUBEREITUNG

Die Kalbsleber wird leicht in Mehl gewendet und ganz heiß, kurz in Butterschmalz angebraten und zum Abkühlen auf ein Sieb gegeben. Der Apfel wird geschält, in Achtel geschnitten und im Zuckerkaramel gar gezogen. Zum Aromatisieren den Holunderlikör ganz zum Schluß beigeben. Mit dem Holunderfond anrichten und mit frischen blanchierten Erbsen und nach Belieben mit Blüten und Wiesenkräutern garnieren.

Spreewälder Rehbock auf Blaukraut- und Sauerkrautkompott mit Pastinakenauflauf und Karottenpreiselbeerpüree

Zutaten für den Rehbock:
ca. 1 kg Rehrücken, ausgelöst und vom Metzger
in Medaillons geschnitten
Wildfond (vorwiegend aus Wildknochen vorgekocht)
1/2 l Rotwein für die Soße
gehobelte Mandeln, gehackte Walnüsse
250 g frische Pfifferlinge
50 g Butter
1 Schalotte
Crème fraîche
Salz, Pfeffer

für das Karottenpreiselbeerpüree:
300 g Karotten
30 g Butter
30 g Schalottenbrunoise
100 ml Milch
Zucker, Salz, Muskat, Orangenzeste
50 g Preiselbeeren

für das Sauerkrautkompott:
ca. 400 g Sauerkraut
1 Zwiebel
50 g Schweine- oder Gänseschmalz
1/8 l Kalbsbrühe
Lorbeer, Kümmel, Wacholderbeeren
1/2 l Weißwein
ca. 100 g Bauchspeck
Zucker, Salz, Pfeffer

für das Blaukrautkompott:
ca. 400 g Blaukraut
1 Zwiebel
50 g Schweineschmalz
1/8 l Kalbsbrühe
Lorbeer, Wacholder, Beifuß, Orangenzeste
2 Äpfel
1/2 l trockener Rotwein
Zucker, Salz, Pfeffer, Muskat

für den Pastinakenauflauf:
ca. 300 g Pastinaken
1/2 l Milch
3 Eier, 2 Eigelb
etwas Muskat, Salz, Pfeffer

Zubereitung

Rehbock:
Die Rehmedaillons mit etwas Sonnenblumenöl scharf beidseitig anbraten und würzen. Aus gehobelten Mandeln, gehackten Walnüssen und Butter eine Kruste herstellen, auf die Medaillons geben und mit Oberhitze fertig garen. Anrichten. Aus dem Wildfond und Bratensaft eine Soße ziehen und mit etwas Crème fraîche abrunden, abschmecken und mit den Medaillons anrichten.

Karottenpreiselbeerpüree:
Alles bis auf die Preiselbeeren weich dünsten, pürieren und zum Schluß die Beeren unterheben und abschmecken.

Sauerkrautkompott:
Alle Zutaten zusammen gar ziehen lassen.

Blaukrautkompott:
Alle Zutaten zusammen gar ziehen lassen.

Pastinakenauflauf:
Die Pastinaken in Würfel schneiden und kurz vorblanchieren. Gebutterte Förmchen halb mit der Mischung füllen. Aus der Milch, den Eiern und den Gewürzen ein Royal kochen und kurz aufmixen. In die Förmchen gießen und bei 180° C ca. 20–25 Minuten backen.

Die Rehmedaillons mit dem Püree, den beiden Krautkompotts und dem Pastinakenauflauf servieren und z. B. mit Rosmarin garnieren.

Berliner Pfannkuchen auf Heidelbeerkompott und Zitronenquarkeis

Zutaten für die Berliner:
500 g Mehl
1/2 l Milch
40 g frische Hefe
60 g Zucker
1 Prise Salz
4 Eigelb
50 g Butter

für das Heidelbeerkompott:
400 g frische Heidelbeeren und etwas Heidelbeernektar
ca. 50 g Zucker
1/8 l Cassislikör
etwas Zitronensaft

für das Zitronenquarkeis:
Saft von zwei Zitronen und zwei Limonen
1/2 l fruchtiger Weißwein
1/2 l Läuterzucker
1 Spritzer Gin
ca. 200 g Quark
2 Eiweiß

ZUBEREITUNG

Berliner:
Das Mehl und die Hefe mit dem Zucker anrühren und einen Vorteig herstellen. Gehen lassen, dann die restlichen Zutaten hinzufügen und eine Stunde ruhen lassen. Im heißen Fett ausbacken.

Heidelbeerkompott:
Heidelbeeren, Nektar und Zucker anköcheln, Cassislikör und etwas Zitronensaft hinzufügen und ein Kompott herstellen.

Zitronenquarkeis:
Alle Zutaten miteinander verrühren und gefrieren.

Originalrezepte von Markus Auer, »Badische Weinstube«

Rübenkindheit

Marlene Dietrich (rechts) mit ihrer Familie, 1906

*W*ieder einmal bringt Markus Auer das Abendessen in die Avenue Montaigne, Marlene sitzt im Rollstuhl, wendet ihm den Rücken zu.

»Guten Abend, Frau Dietrich!«

»Nehmen Sie das Essen wieder mit. Ich habe keinen Appetit mehr.«

»Komme ich zu spät?«

»Nein.«

»Dann bitte ich Sie, doch etwas zu essen.«

»Hören Sie, Markus! Wenn ich nein sage, dann meine ich auch nein.«

Mit einem leichten Schulterheben dreht er sich zum Gehen.

»Was haben Sie denn gekocht?«

»Kein Festmenue, Madame.«

»Warum antworten Sie mir nicht direkt auf meine Frage?«

»Als Vorspeise eine Suppe mit selbstgemachten Nudeln. Dann Buletten mit Salzkartoffeln und Gelbe-Rüben-Gemüse.«

»Gelbe Rüben! Als Kind dachte ich, daß ich ein ganzes Leben lang gelbe Rüben essen müßte!«

»Wegen der Gesundheit?«

»So kann man das auch nennen!«

Kaum merklich dreht die Dietrich ihren Rollstuhl ein wenig, ihr Interesse scheint geweckt.

»Wann war das, wenn ich fragen darf?«

»Es muß 1917 oder 1918 gewesen sein.«

Energisch bewegt sie ihren Rollstuhl zum anderen Ende des Zimmers.

»Ich lasse mich von Ihnen ausfragen wie eine Angeklagte. Das Gelbe-Rüben-Gemüse möchte ich einmal probieren. Aber nur eine Löffelspitze voll.«

Markus reicht ihr das Gewünschte. Nach dem Probieren entgleitet ihr ein ungewollter Seufzer.

»Geben Sie mir das Gemüse. Es kommen Erinnerungen auf. Können Sie sich vorstellen, wie es im ersten Weltkrieg war? Nein, woher sollen Sie auch. Hoffentlich machen Sie nie Kriegserfahrungen.«

Marlene Dietrich denkt an das Jahr 1914. Der Erste Weltkrieg begann. Sie war gerade 13 Jahre alt und erlebt die schrecklichen Jahre mit ihrer Mutter Josephine im Kreis der zurückgebliebenen Frauen der preußischen Offiziersfamilie, in die sie am 27. Dezember 1901 hineingeboren wurde.

Ihr Vater, Louis Otto Dietrich, fällt 1916. Marlene lernt die preußische Selbstdisziplin, die sie ein ganzes Leben lang prägen wird. Die Frauen in der Familie leben es ihr vor:

»Wie können sie es durchstehen: kochen und nähen, bei Schularbeiten helfen, auf uns aufpassen und die Melodien anhören, die wir wieder und wieder auf dem Klavier spielen, um für die nächste Stunde zu üben? Mit uns sonntags spazierengehen, Frauen und Kinder ohne ihre Männer.« (3/20)

Sie lernt Entbehrungen hinzunehmen:

»Meine Knochen, meine Zähne waren kriegsgefährdet ..., ›sie sind gut, deine Zähne‹, sagte sie (die Mutter) beim Putzen ... und als wollte sie sich selbst bestätigen: ›Alles hängt davon ab, woher du stammst‹ ... Und sie fuhr fort, mir die mageren Portionen Milch, Käse und Fleisch wegzunehmen, um sie ihrer Mutter zu geben. Meine wunderschöne, zarte Großmutter bekam den Löwenanteil jeder Ration vor allen anderen Mitgliedern der Familie.« (3/27)

Um zu überleben, muß sie jedoch essen, nicht genießen:

»Ich war zwar blaß und dünn, aber kräftig und gesund. Wir aßen Steckrüben morgens, mittags und abends. Es gab Steckrübenmarmelade, Steckrübenkuchen, Steckrübensuppe, Steckrübenwurzeln und -gemüse auf Dutzende von Arten. Niemand klagte über die Eintönigkeit oder den Geschmack. Am wenigsten wir Kinder. Es gab Kartoffeln mittags und abends, auch nachmittags, wenn ich hungrig war. Kartoffeln, die warmen Freuden der Kindheit. Es gab weiße, milde und mehlige, leicht zu essen, leicht zu verdauen.« (3/31)

Sie erinnert sich an alles, wie es damals war. Mit jedem Löffel des Gelbe-Rüben-Gemüses kommen Erlebnisse zurück. Ihre Schwester und alle anderen Frauen der Familie bekamen durch den häufigen Verzehr der Rüben gelb-rosa Gesichter. Nur sie nicht. Stolz präsentierte sie ihren schneeweißen Teint, der auch den Jungen auffiel, mit denen sie früh zu kokettieren lernte. Mit Achtzehn schrieb sie in ihr Tagebuch: »Für meine grenzenlose Sinnlichkeit kann ich ja aber nichts. Wer weiß, wo ich noch mal ende, wenn nicht bald, sehr bald, jemand die Güte hat, mich zu heiraten.« (1/45) Marlene wurde in dieser Zeit aber auch mit allen Disziplinen einer Hausfrau konfrontiert. Vom Putzen bis zum Kochen. »Man kann nicht beurteilen, ob die Hausangestellten ihre Aufgabe korrekt erledigt haben, wenn man das nicht selber korrekt gelernt hat«, muß sie sich immer wieder sagen lassen.

Und dann kam endlich einer, der sie heiratete. Der Regieassistent Rudolf Sieber. 1923 läuteten für die beiden die Glocken der Berliner Kaiser-Wilhelm-Gedächtniskirche.

»Heiraten Sie nicht zu früh«, ermahnt sie Markus Auer unvermittelt aus ihrer Gedankenwelt heraus.

»Ja«, antwortet der junge Küchenchef kaum hörbar.

Mit gesungenen Wortfetzen ersetzt sie die Konversation:

> *»Ich weiß nicht, zu wem ich gehöre ...*
> *Ich bin doch zu schade für einen allein ...*
> *Ich glaub, ich gehöre nur mir ganz allein ...«*

»Kennen Sie das Lied, Markus?«
»Natürlich«, lügt er.
»Auch Sie sollten noch vielen gehören.«
»Aber ich habe vor kurzem in einer Illustrierten gelesen, was für Sie die Erfüllung Ihres Lebens gewesen wäre, wenn Sie nicht Filmschauspielerin geworden wären.«
»Da bin ich aber gespannt.«
»›Ehemann, Heim, Kinder, Hausfrau ist Erfüllung‹«, sagten Sie.
»Quatsch! Ich bin selbst die Erfüllung. Ihr Rübengemüse ist die Erfüllung von Gestern und Heute.«

Buletten mit Salzkartoffeln und Gelbe-Rüben-Gemüse

1/2 altes, trockenes Brötchen (oder 50 g Semmelbrösel)
1 Scheibe Toastbrot in feine Würfel geschnitten
250 g frisches Hackfleisch (2/3 Rind und 1/3 Schwein!)
1 Zwiebel, in feine Brunoise (Würfel) geschnitten
1 TL Senf
1 Msp. Paprika, edelsüss
1 TL Currypulver
1 ganzes Ei
Salz, Pfeffer
1 kl. Bund gehackte Petersilie
Öl zum anbraten

Zubereitung

Alle Zutaten werden zusammen mit dem Hackfleisch, Gewürzen und dem Ei gleichmäßig zu einer feinen Hackmasse verarbeitet. Fett in der Pfanne erhitzen und vorsichtig bei mittlerer Hitze anbraten, immer wieder wenden und, wenn nötig, Öl nachgießen.

Salzkartoffeln:
500 g Kartoffeln waschen, schälen und in gleich große Hälften schneiden. In kochendes Salzwasser geben und ca. 25–30 Minuten bei mittlerer Hitze gar kochen. Wasser nach Kochzeit abschütten und Kartoffeln wieder zurück in den Topf geben, ein kleines Stück Butter zugeben, Deckel schließen und die Kartoffeln bis zum Anrichten warm halten.

Gelbe-Rüben-Gemüse:
Circa 300 g Karotten waschen, schälen, in Scheiben schneiden. Zusammen mit etwas Butter (50 g) und fein gewürfelten Zwiebeln anbraten. Abschmecken mit einem TL Zucker, Salz, Pfeffer. Ablöschen mit 1/2 Liter Kalbsbrühe (oder Geflügelfond) oder einfach nur Wasser und ca. 15–20 Minuten bei mittlerer Hitze gar kochen.

Originalrezepte von Markus Auer, »Badische Weinstube«

Über die Meere

Marlene Dietrich auf dem Sonnendeck der »Bremen«, um 1930

*M*arlene reiste am liebsten per Schiff. Das erste Mal überquerte sie den Atlantik im Frühjahr 1930. Nach der Premiere des Films »Der blaue Engel« stieg sie, blumenüberhäuft, in das für sie reservierte Zugabteil. Sie fuhr in die Nacht hinein nach Bremerhaven. Dort erwartete man sie auf der »Bremen«, die Kurs auf New York nahm. Nachdem ihr Regisseur und Geliebter Josef von Sternberg einen Ozean bewegte, dem eine Frau entstieg, »die eine Welt bezaubern sollte«, wie er damals schwärmte, wurde sie innerhalb von wenigen Tagen zu einer Berühmtheit. Die Kritiker überstürzten sich mit Lobeshymnen für ihre Darstellung im »Blauen Engel«. Emil Jannings, der eigentliche Star des Films, rangierte in der Gunst von Kritikern und Fans weit hinter der Dietrich.

Aus der Flut der Telegramme, die sie an Bord des Schiffes erreichten sei das ihres in Deutschland zurückgebliebenen Mannes erwähnt, der ihr am 1. April telegraphierte: »Vermisse Dich Mutti – stop – Kritiker liegen Dir zu Füßen – stop – Jannings lobend erwähnt aber es ist kein Emil Jannings Film mehr – stop – Marlene Dietrich läuft ihm den Rang ab – stop – « (1/86)

In New York druckte man inzwischen Leitartikel über die Schauspielerin, deren Ankunft sehnlichst erwartet wurde. Für ihre neue Filmfirma »Paramount« sollte sie mit Sternberg ihren zweiten Film in Amerika drehen.

Der angehende Weltstar gehörte zunächst jedoch der Nußschale »Bremen«, die dem Ozean mit Wind und Wetter ausgesetzt war. Die »Preußisch Standhafte« wurde nicht seekrank. Bevor sich die »Preußisch Pingelige« in ihrer Luxuskabine häuslich einrichtete, widmete sie sich zuerst der Toilette. Mit reinem Alkohol sterilisierte und desinfizierte sie die Kloschüssel und beseitigte die möglichen Spuren, die Männer hinterlassen haben könnten, denn sie wollte keinesfalls an Syphilis erkranken. Dieses Ritual sollte sie von diesem Zeitpunkt an ein Leben lang beibehalten. Dann gab die »Preußisch Perfekte« ihre Anweisungen an das Servicepersonal, wobei sie nicht vergaß, einen

Rat ihres Mannes zu befolgen, der das Trinkgeld in fürstlicher Höhe gleich zu Beginn einer Dienstleistung verteilte, denn dann war er sicher, daß auch eine fürstliche Bedienung erfolgte.

Die »Preußisch Korrekte« ließ das verwunderte Personal auch wissen, daß sie das Frühstück keinesfalls im Bett einzunehmen gedenke, denn das wäre am Morgen eine zu inaktive Handlung. »Ich wünschte mir oft, meine Mutter würde einmal irgend etwas einfach aus Spaß an der Freude genießen. Aber sie brauchte immer einen ›guten Grund‹, um sich zu freuen, sonst war die Freude für sie leichtfertig und suspekt«, schreibt Maria Riva. (1/213)

Jahrzehnte später, als das Bett zu ihrer Residenz geworden war, blieb ihr meistens nichts anderes übrig, als hier auch zu frühstücken.

Das Mittag- und Abendessen nahm sie an Bord der »Bremen« häufig in ihrer Suite ein, denn die »Anhänglichkeit« und Neugierde der übrigen Passagiere waren ihr lästig.

Wenn die »Preußisch Traditionelle« die Meere überquerte, und das tat sie im Verlauf ihres Lebens einige Male, dann wollte sie möglichst auf deutschen Schiffen reisen. Das amerikanische Essen auf den anderen Luxuslinern erschien ihr als »lauwarmer Kodex«, und das Publikum bestand ihrer Meinung nach nur aus Neureichen des »Waldorf-Astoria«.

Auch die »Europa« hatte es ihr angetan, denn in den Kabinen atmete sie deutsche Luft, konnte mit den Stewards deutsch reden und bekam deutsches Essen. Die »Preußische Feinschmeckerin« war glücklich mit deutscher Hausmannskost und ließ sich auf der »Bremen« und auf der »Europa« oft die Speisekarten der 2. und 3. Klasse zur Ansicht reichen, denn in den niederen Klassen wurden mehr deutsche Gerichte angeboten als in der Luxuskategorie. Als Marlene eines Tages aber das französische Passagierschiff »Normandie« entdeckte, wollte sie nur noch mit diesem schwimmenden Palast reisen, dessen Luxus einer nicht enden wollenden Orgie glich, die sich in ihrem »Appartement de grand luxe«, der »Deauville-Suite«, fortsetzte: zwei Schlafzimmer, ein Salon, ein Speisesaal, eine marmorne Badelandschaft.

Auf die Frage, ob sie gern Schiffsreisen unternommen hat, antwortete Marlene: »Nach einer ersten Ozeanreise auf der ›Bremen‹ erlebte ich noch viele Ozeanreisen auf eleganten, verschwenderisch

Fastenspeisen	Meatless Dishes
Hauptmahlzeit	Dinner
* *	* *
Clams in der Schale	Clams on the Half Shell
Zwiebel-Rahmsuppe	Creamed Onion Soup
Gekochter Steinbutt, geschmolzene Butter	Boiled Turbot, Drawn Butter
Rührei mit Schnittlauch	Scrambled Eggs with Chive
Deutscher Pfannkuchen, Apfelmus	German Pancake, Apple Sauce
Gemüseplatte mit poschiertem Ei	Vegetable Dinner with Poached Egg
Makkaroni in Rahm	Macaroni in Cream
Römische Nocken	Romain Noques
Pudding Beaufort	Pudding Beaufort
Praliné-Rahmeis, Makronen	Praliné Ice Cream, Macaroons
Früchte Käse Mokka	Fruit Cheese Demi-Tasse
* *	* *
Dampfer „Bremen"	S.S. „Bremen"
Freitag, den 4. April 1930 **2. Klasse**	Friday, April 4th, 1930 **2nd Class**

Speisekarte der 2. Klasse auf der »Bremen«, April 1930

ausgestatteten Schiffen, wie etwa der ›Normandie‹, die mein Lieblingsschiff wurde. Ich hatte sogar einen Flügel in meiner Riesenkabine. Ich kann all diese Reisen gar nicht mehr aufzählen – es waren Dutzende und Dutzende. Wenn die See aufgewühlt war, hatte ich viel damit zu tun, die Seekranken zu betreuen; ich selbst blieb Gott sei Dank verschont.

Diese herrlichen Ozeandampfer sind, bis auf ganz wenige, verschwunden. Heute fliegt alles im Jet. ›Schneller, immer schneller‹ ist die Devise. Schade um die romantischen Fahrten. Mein Gruß und Dank gilt den Kapitänen und der Mannschaft all der Schiffe, die mich trugen!« (3/326)

Menue

Zwiebel-Rahmsuppe
Gekochter Steinbutt
Deutscher Pfannkuchen
Makkaroni in Rahm
Praliné-Rahmeis

Zwiebel-Rahmsuppe

650 g Zwiebeln in feine Streifen schneiden, blanchieren und in Butter anschwitzen, mit 1 l Béchamelsauce gar kochen und durch ein Tuch passieren, 100 g Milch hinzufügen und kurz vor dem Servieren mit frisch geschlagenem Rahm vollenden. Als Einlage kleine in Butter gebackene Brotwürfel.

Gekochter Steinbutt

Den ganzen Steinbutt mit einem Fischfond aus Salzwasser mit wenig Milch und einer Scheibe Zitrone pochieren. Zum Anrichten auf der oberen Seite mit einem Stückchen Butter überstreichen, um einen feinen Glanz zu erhalten.

Der Butt wird an der Gräte einige Zentimeter eingeschnitten, um ein gleichmäßiges Garen zu garantieren.

Dazu eine Kapernsauce – Fischvelouté mit Kapernfond und ganzen Kapern verfeinert – reichen.

Als Beilage Streifen von Wurzelgemüsen, in Butter geschwenkt, mit Petersilie abgerundet, sowie Salzkartoffeln.

Deutscher Pfannkuchen

250 g gesiebtes Weizenmehl mit 750 g Milch glattrühren, danach 6 ganze Eier eins nach dem anderen sowie 100 g Puderzucker durchschlagen. Passieren. Mit Butterschmalz in einer Pfanne zu Küchlein ausbacken. Die Pfannkuchen mit einem beliebigen Früchtepüree bestreichen und aufrollen. In Rauten geschnitten, mit frischen Früchten garnieren.

Makkaroni in Rahm

Die gekochten und in ca. 3 cm lange Stücke geschnittenen Makkaroni mit halb Béchamel und halb Rahm sowie einem EL Jus vermengen. Eine feuerfeste Granitplatte ausbuttern und den Boden höchstens 2 cm hoch bedecken. Mit geriebenem Parmesan, der mit Semmelbröseln vermischt ist, bestreuen und im heißen Ofen gratinieren.

Praliné-Rahmeis

7 Eigelb mit 200 g Zucker cremig, aber nicht schaumig rühren. 1/2 Liter Milch und 125 g Sahne mit einer ausgekratzten Vanilleschote aufkochen und unter Rühren in die Eiermasse geben. Die Mischung in eine Kasserolle geben und auf dem Feuer unter ständigem Rühren zu einer dickflüssigen Crème verarbeiten. Im Anschluß durch ein Spitzsieb passieren.

Nach dem Auskühlen die Masse mit 4 cl Cointreau und 2 cl braunem Rum versetzen und in der Eismaschine frieren. Nach etwa 5–6 Minuten 200 g bittere zerlassene Schokolade hinzugeben und fertig frieren. Mit Himbeersauce anrichten.

Originalrezepte von Frank Lohmann,
»Romantik Hotel & Restaurant Gravenberg«

Hollywood-Lüge

Szene aus »Der blaue Engel« mit Marlene Dietrich und Emil Jannings

Für das Kind Maria war es eine Selbstverständlichkeit, daß ihre Mutter, wenn sie nach Hause kam, den Nerzmantel über den Stuhl warf und in die Küche verschwand, um das Essen zu bereiten. Es gehörte einfach zum Stil in ihrer preußischen Familie, daß die Hausherrin selbst kochte, auch wenn sie eine Haushaltshilfe hatte, die bei den Siebers Tami hieß, die spätere Geliebte von Rudolf Sieber.

Marlene war glücklich, daß sie das Kochen gelernt hatte. Mit ihren Küchenkünsten bewies sie den Menschen, die sie mochte, ihre Gunst.

Als der zu jener Zeit berühmte amerikanische Regisseur Josef von Sternberg nach Deutschland kam, um den ersten Tonfilm der Ufa »Der blaue Engel« zu drehen, ahnten weder er noch Marlene, daß die Begegnung beider Leben verändern würde. Aus einer Vielzahl von Bewerberinnen wählte er Frau Marlene Sieber für die Lola aus. »Der Mann ist wunderbar! Unglaublich wunderbar! ... und süß!« (1/67) schwärmte sie Rudolf die Ohren voll.

Bald darauf lud sie ihn zum Abendessen ein. Nach wenigen Tagen wußte sie, was er gern aß. Schließlich wurden die Abendessen zu einer Art Tradition, und die Dietrich kochte ohne Rücksicht auf die Familie nur noch, was er wollte: Beef Stroganoff, Kohlrouladen, Ungarisches Gulasch mit breiten Eiernudeln, Rote Grütze mit Vanillesoße, Apfelkuchen. Sie kochte für ihn sogar das Mittagessen und brachte es mit in das Studio Babelsberg.

Nach der Uraufführung von »Der blaue Engel« war sie weltberühmt. Sie folgte von Sternberg nach Hollywood. An ihre daheimgebliebene Familie schrieb sie Briefe oder schickte ihnen von ihr selbst besprochene Zelluloidplatten: »Meine Süße (gemeint war ihre Tochter), weißt du, was ich in meinem Mund habe? Deinen Zahn, den Papi mir geschickt hat. So kann ich dich ganz bei mir haben ... Ich gehe in dem wunderschönen Haus herum, aber du bist nicht hier. Geht's dir gut? Ißt du auch brav? Ich weine, weil ich nicht für dich kochen kann.« (1/95)

Um so mehr bemutterte und bekochte sie ihren verheirateten Liebhaber Jo. »Jeden Abend koche ich für Jo, und ich mache ihm jeden Tag Fleischbrühe für das Studio.« (1/323)

Unverständlich, warum sie in ihren Memoiren schreibt, daß sie in Amerika, der Not gehorchend, Kochen gelernt hätte, als sie und ihre Familie »in das neue Land ... und noch dazu nach Kalifornien verpflanzt wurden, wo wir uns nicht nur an fremde Sitten und Gebräuche gewöhnen mußten, sondern auch an gewisse Eigenarten was die Ernährung betrifft. Anfangs saßen wir im ›Drugstore‹, obwohl ich einen Widerwillen dagegen empfand, meine Mahlzeiten inmitten von ›Tampax‹, Anti-Schweißmitteln und ähnlichen Produkten einzunehmen. Es waren immer wieder ›Hamburger‹: Sie schmeckten furchtbar, aber sie wurden am schnellsten serviert. Mir kam es vor, als ob auch alle Leute um uns herum nichts anderes verschlangen, und dazu schütteten sie Unmengen von Kaffee in ihre Kehlen ... Da die deutsche Küche auch nicht gerade berühmt ist, bat ich die Mutter meines Mannes, mir ein österreichisches Kochbuch zu schicken, und bald fing ich an, selbst zu kochen. Ich lernte alles aus diesem Kochbuch.« (3/134)

Warum Marlene Dietrich diese Hollywood-Lüge erfand, ist nicht bekannt. Das oben erwähnte Kochbuch forderte sie tatsächlich an, es trägt den Titel »Was koche ich heute«. Es erschien im Verlag der Buchhandlung »Mora« in Salzburg und befindet sich heute in der Berliner Dietrich Collection. An den Gebrauchsspuren erkennt man den häufigen Einsatz dieser Kochhilfe, aus der sie zuletzt wohl das Rezept für einen Gänsebraten entnahm. Ein Zettel mit der Aufschrift »don't forget« markiert die Seiten.

»Bald machte mein Ruf als gute Köchin die Runde in Hollywood. Ich glaube, ich war stolzer auf diesen speziellen Ruhm als auf die ›Film-Legende‹ ... Da Geduld meine größte Tugend ist und Perfektion schon immer mein Ziel, war ich auf diese neue Aufgabe gut vorbereitet. Bis zum heutigen Tage lerne ich noch durch Erfahrung und Ausdauer, wie es jeder eifrige Schüler tun sollte. Trotz alledem beschränkt sich meine Art zu kochen meistens auf sehr einfache Gerichte. Man könnte meine Küche eher als ›gut bürgerlich‹ oder als ›Hausmannskost‹ bezeichnen.« (3/133/134/135)

Als sich die Kochkunst von Marlene herumgesprochen hatte, traf sich in regelmäßigen Abständen die »Berliner Kolonie« in ihrem Haus in Hollywood. »Meine Mutter kochte den ganzen Tag«, schreibt Maria. (1/376) Der Vater besorgte wertvolle Weine und Brandysorten aus Los Angeles. Dann wurde »deutsch« getafelt. Die bröckelnde Liebschaft mit Josef von Sternberg zeigte auch bei den von ihm früher so geliebten Essen seiner Marlene Auswirkungen: »Jo saß einfach nur da, sah müde aus und ging früh nach Hause. Selbst wenn unsere Abendessen ›deutsch‹ waren und meine Mutter Leberknödel, Kohlrouladen und Biersuppe machte, blieb Jo nie lange. Ich hatte das Gefühl, daß er sich nur noch sehen ließ, um den anderen zu beweisen, daß er noch dazugehörte, nicht, weil er wirklich dabei sein wollte.« (1/370)

Marlene kochte nach verschiedenen Kochbüchern, die teilweise in der Dietrich Collection archiviert sind. Hier lassen sich Titel finden wie »The Weekend Chef«, »The Cooking of Germany«, »The James Beard Cookbook«. Sie selbst hat kein Kochbuch geschrieben, obwohl sie einmal feststellte, daß man damit viel verdienen könnte. In ihrem Buch »ABC meines Lebens« hat sie aber einige selbsterprobte Kochrezepte veröffentlicht.

Aus dem Buch »Was koche ich heute?«:

Gefüllter Gänsebraten, wie ihn Marlene Dietrich machte

(für 12 Personen)

Man nehme eine Mastgans, etwa 1 Jahr alt, die 6–8 kg schwer sein sollte. Die beste Zeit für einen Jungmastgansbraten ist von Oktober bis Januar.

Füllung:
10 überbratene Nürnberger Bratwürstchen
10 gebratene Kastanien
20 Perlzwiebeln
5 kleingeschnittene Karotten
1 Prise Salz
1 Prise Pfeffer
2 EL Sahne

Zubereitung

Die bratfertig ausgenommene Gans wird sorgfältig gewaschen, dann nehme man die zur Füllung bereitgelegten Zutaten, schneide sie klein und mische sie zu einem Brei, fülle damit an der Stelle der Eingeweide die Gans und nähe sie zu.

Unter fleißigem Begießen sollte sie bei mittlerer Hitze 2 Stunden in der Röhre braten.

Vor dem Servieren filetieren, auf eine Platte legen, mit der Füllung umgeben.

»Herr Dietrich, der Gourmet«

Marlene Dietrich mit Ehemann Rudolf Sieber und Tochter Maria, 1934

Im Frühjahr 1933 kam Marlene Dietrich nach Paris. Nachdem sie ihren Film »Song of Songs« in den Hollywood-Studios der Paramount erfolgreich abgedreht hatte, buchte sie eine Passage auf der »MS Europa« und fuhr weiter in die Seine-Stadt, wo ihr Mann schon seit einiger Zeit lebte. Er reservierte für sie und ihre gemeinsame Tochter eine Suite im luxuriösen »Trianon«.

Marlene machte aber keinen Urlaub. Sie nahm eine Schallplatte bei Polydor auf. Der Titel »Johnny« aus ihrem gerade entstandenen Film ging später um die Welt, und das Lied »Allein in einer großen Stadt« wurde zum Evergreen. Es stammt aus der Feder von Franz Wachsmann (Komponist) und Max Colpet (Texter), zwei deutsche Emigranten, denen sie zur gleichen Zeit in Paris begegnet war.

Der Theaterkritiker Alfred Kerr war dabei, der Regisseur Billy Wilder, der Komponist Friedrich Hollaender. Sie alle flohen aus dem angehenden Hitler-Reich, dem Marlene schon lange den Rücken gekehrt hatte. Oft lud die Dietrich ihre jüdischen Freunde zum Mittagessen in die Suite des »Trianon« ein, die sie beinahe in ein Restaurant umfunktionierte.

Fast jeden Abend aber war sie Gast ihres Mannes, denn er hatte sich vorgenommen, aus ihr eine Feinschmeckerin zu machen. Natürlich wollte er dabei auch sein Paradies, das Paris der Restaurants vorzeigen. »Mami« und »Papi« waren also jede Nacht auf Tour. Mit »Mami« war Maria Magdalena Sieber gemeint, mit »Papi« Rudolf Emilian Sieber, ihr Mann.

Maria Magdalena Dietrich war angehende Schauspielerin und Rudolf Emilian Sieber Regieassistent, als sie sich in Berlin das Jawort gaben. Er war ein Mann, so Marlene später, »in den ich mich auf den zweiten Blick Hals über Kopf verliebt hatte und den ich nicht aufhörte zu lieben, all die Jahre hindurch, die folgten«. Sie spielten stets das glückliche Paar, obwohl von ehelicher Liebe schon nach der Geburt ihrer Tochter Maria (13. Dezember 1924) nicht mehr viel übriggeblieben war. Sie sprachen sich fortan nur noch mit »Mami«

und »Papi« an. Nach und nach ging jeder seine eigenen Wege, doch sie waren immer füreinander da.

Für Marlene wurden die Restauranttouren durch Paris zu einem kulinarischen Erlebnis: Da war das russische Spezialitätenrestaurant »Chez Kornilow«, das tschechische »Chez Louis«, das ungarische »Little Hungary«, das »Belle Aurore« oder das »Maxim's«.

Im »Chez Kornilow« aß Marlene schüsselweise Kaviar und kalte Borschtsch zum Hühnchen Kiev. Im »Chez Louis« war »Mami« von den Quarkknödeln so erfreut, daß sie als begeisterte Köchin sogar in die Küche ging, um der Zubereitung beizuwohnen. Am nächsten Tag stand der hohe Küchenbesuch in allen Pariser Zeitungen, und »Chez Louis« konnte sich kaum noch retten vor Gästen. »Little Hungary« war bekannt für das beste Ungarische Gulasch weit und breit. Wenn man in das »Belle Aurore« ging, war man verpflichtet, drei bis vier Stunden zu schlemmen.

»Papi« fühlte sich sichtlich wohl als kulinarischer Lehrmeister und Führer. Er ließ sich von den Restaurantchefs die besten Gerichte aufzählen und bestellte dann, ohne nach den Wünschen Marlenes zu fragen, denn er glaubte, die Vorlieben seiner Frau zu kennen. Äußerte sie einen anderen Wunsch, dann war seine Feinschmeckerwelt erschüttert. Maria Riva entsinnt sich an eine derartige Szene und gibt folgende Antwort ihres Vaters wieder, als Marlene statt Lamm Kalb bestellen wollte:

»Mami, wenn du auf Kalbfleisch bestehst, statt Lamm zu essen, das du heute eigentlich bestellen solltest, dann mußt du statt der Sellerie à la Grèque die Artischocken Vinaigrette essen, statt der Früherbsensuppe die Gurkensuppe, und zwar die Crèmesuppe, statt der Soufflé-Kartoffeln die Pommes duchesse, statt der Gartenbohnen Blattspinat, statt des Endiviensalats Tomatensalat, und auf keinen Fall darfst du die karamelisierte Birne nehmen! Aber du könntest die Crème Brulée wählen.« (1/243)

Wehe, wenn nicht fachmännisch serviert wurde, wenn eine Beilage anders ausfiel, als er sie sich vorgestellt hatte, wenn der Wein zu warm kredenzt wurde oder wenn der Pumpernickel bei der Borschtschsuppe fehlte. Dann verließ er schimpfend das Lokal, und seine Gäste mußten folgen. Marlene Dietrich war dies peinlich. Wenn sie zukünftig mit ihrem Mann ausging, nahm sie stets eine

Scheibe Brot mit. Sie kreierte dafür eine etwas größere Abendtasche (ein derartiges Modell befindet sich in der Dietrich Collection), in der der Pumpernickel Platz fand.

Die Weinauswahl richtete sich exakt nach der Menuefolge. Er führte seiner staunenden Frau eine Zeremonie vor, die sie anscheinend sprachlos hinnahm. »Es gehörte zu den merkwürdigsten Widersprüchen des Charakters der Dietrich, daß sie wirklich glaubte, Frauen dürfen sich ihren Männern nicht widersetzen, Männer seien überlegene Wesen, deren Autorität man ergeben ertragen muß.« (1/244) Ob er Marlene zur Weinexpertin machte, ist umstritten. Man sagt, daß vorwiegend der Autor Erich Maria Remarque, dem sie sehr zugetan war, ihre Liebe zum Wein, insbesondere zu Champagner, geweckt haben soll.

Der Höhepunkt der Pariser Restauranttouren war natürlich ein Besuch im »Maxim's«. Eine Schar von Kellnern hofierte die Dietrich und ihre Begleiter, als wäre ein Königspaar zu Gast. »Papi« las »Mami« das Menue vor:

Schweinsohrensuppe mit Landbrot und Parmesankäse
Langusten-Parfait auf Biskuits mit feinen Knoblauchwürstchen
Artischockenböden, gefüllt mit einer Crème aus Früherbsen
blanchierte belgische Endivien, gebündelt mit geflochtenem
Schnittlauch, darüber eine Kaskade von glasierten Perlzwiebeln
Entenbrust an Sauce von Schwarzkirschen mit fritierten Topinambur
Camembert aus der Normandie mit Bauernbrot aus dem Elsaß
Zitronensoufflé-Törtchen
Mokka

Ob sie wollte oder nicht, sie mußte essen, was auf den Tisch kam, oder besser gesagt, was »Herr Dietrich« – so wurde er vom Servicepersonal angesprochen – bestellte. Tagsüber aber hatte Marlene die Hosen an. Sie wagte es als erste Frau, gekleidet wie ein Mann, im Nadelstreifenanzug, Herrenhemd und Krawatte, über die Champs-Élysées zu flanieren. Die Autos stoppten. Auf dem Trottoir blieben die Menschen stehen, als galt es, ein Weltwunder zu bestaunen. Ein flügelloser Engel in Menschengestalt, eine »Schönheit, die erschütterte«, schrieb damals der von Berlin nach Paris geflüchtete Theaterkritiker Alfred Kerr.

Schweinsohrensuppe mit Landbrot und Parmesankäse

(für 4 Personen)

4 Stück Schweinsohren (geputzt vom Metzger erhältlich)
100 g Karotten
100 g Lauch
100 g Zwiebeln
100 g Sellerie
Lorbeer, Nelken, Senfkörner
Pfefferkörner, Salz, Majoran
250 g Sauerrahm
1/2 l Weißwein
2 mehlige Kartoffeln

Zubereitung

Das Gemüse und die Gewürze in Butter langsam angehen lassen. Mit dem Weißwein ablöschen. Die Schweinsohren und die Kartoffeln dazugeben und mit Wasser oder Brühe auffüllen, bis das Ganze bedeckt ist. Langsam kochen lassen, bis die Ohren weich sind. Ohren herausnehmen und in feine Streifen schneiden. Die Suppe durch ein Sieb drücken und die Ohren wieder dazugeben. Mit dem Sauerrahm verfeinern und eventuell nachschmecken. Suppe anrichten und mit Parmesan bestreuen. Mit frischem Landbrot servieren.

Langustenparfait auf Biskuits mit feinen Knoblauchwürstchen

(für 4 Personen)

Langustenparfait:
180 g Langustenfleisch
3 Blatt Gelatine
150 g Fischfond
300 g Sahne
70 g Langustenfleisch für Einlage

Zubereitung

Die Gelatine in kaltem Wasser erweichen und im aufgewärmten Fischfond auflösen. Das Langustenfleisch mit dem Fischfond aufmixen. Durch ein Sieb passieren. Die geschlagene Sahne und das Langustenfleisch langsam unterheben.

Biskuits:
6 Eigelb
Salz, Muskat
100 g Mehl
1 EL Milch
6 Eiweiß

Zubereitung

Eigelb schaumig rühren, Salz, Muskat, Mehl und Milch unterheben. Eiweiß aufschlagen, unterheben und abschmecken. Masse auf Backpapier streichen und bei 180° C ca. 8–10 Minuten backen.

Biskuits rund ausstechen. In Ring einsetzen und Langustenparfait darauf geben.

Die Knoblauchwürstchen dünn aufschneiden und mit dem Langustenparfait anrichten. Eventuell mit Salaten garnieren.

Mit Erbsencrème gefüllte Artischockenböden, blanchierte belgische Endivien, gebündelt mit geflochtenem Schnittlauch, und glasierten Perlzwiebeln
(für 4 Personen)

Artischocken:
4 Artischockenböden
3 EL Olivenöl
1/2 Knoblauchzehe
1 Zweig Thymian
Salz, Pfeffer

ZUBEREITUNG

Die Artischockenböden langsam in Olivenöl angehen lassen. Gewürze dazugeben und weich schmoren. Eventuell etwas Flüssigkeit beimengen.

Erbsencrème:
250 g blanchierte Erbsen
100 g Crème fraîche
100 g Quark
Salz, Pfeffer, Muskat

Zubereitung

Erbsen mit der Crème fraîche und dem Quark im Mixer pürieren und durch ein Sieb streichen. Mit Salz, Pfeffer und Muskat abschmecken.

Belgische Endivien:
4 belgische Endivien
1 Bund Schnittlauch
500 g Butter
Salz, Zucker, Pfeffer

Zubereitung

Die Endivien 1/2 Stunde in lauwarmes Wasser legen, um die Bitterstoffe zu entziehen. Danach die Endivien und den Schnittlauch blanchieren und in kaltem Wasser abkühlen.

Die Butter zerlaufen lassen und die inzwischen mit dem Schnittlauch gebündelten Endivien darin langsam angehen lassen. Mit Salz, Zucker und Pfeffer abschmecken.

Perlzwiebeln:
150 g Perlzwiebeln
50 g Kristallzucker
2 cl Champagneressig
1/2 l Geflügelfond

ZUBEREITUNG

Den Zucker karamelisieren, die Perlzwiebeln dazugeben, mit dem Essig ablöschen und weich schmoren.
    Fertigstellung: Die Artischockenböden mit der Erbsencrème füllen und mit den Endivien auf den Teller geben. Die Perlzwiebeln über die Endivien streuen und sofort servieren.

Entenbrust an Sauce von Schwarzkirschen mit Topinambur
(für 4 Personen)

Entenbrust:
4 Entenbrüste à 200 g
Salz, Pfeffer

ZUBEREITUNG

Entenbrüste auf der Hautseite leicht einritzen, damit sich eine gleichmäßige Garung beim Braten ergeben kann. Beidseitig mit Salz und Pfeffer würzen und auf der Hautseite anbraten. Kurz wenden und bei 180° C im Ofen ca. 8 Minuten braten. Danach ruhen lassen, damit der Fleischsaft beim Aufschneiden nicht austreten kann.

Schwarzkirschsauce:
100 g Zucker
150 g Butter
2 cl roter Portwein
½ l Kirschsaft
½ l Rotwein
1 l Entenjus
500 g Schwarzkirschen für Einlage
500 g kalte Butterwürfel

Zubereitung

Butter und Zucker karamelisieren und mit Portwein, Kirschsaft und Rotwein ablöschen. Einkochen und mit dem Entenjus auffüllen. Nochmals einkochen bis zur gewünschten Konsistenz, mit der kalten Butter aufmontieren. Die entkernten Kirschen als Einlage zugeben, nicht mehr kochen lassen.

Die hauchzart geschnittenen Topinamburknollen in heißem Fett knusprig fritieren, die Kirschsauce auf einen Teller geben, mit der tranchierten Entenbrust belegen und mit den Topinamburchips umlegen.

Zitronensoufflé-Törtchen
(für 4 Personen)

40 g Butter
40 g Mehl
360 g Milch
4 Eidotter
2 Zitronen
6 Eiweiß
100 g Zucker

Zubereitung

Butter auflösen, mit etwas Mehl abrösten und mit der Milch ablöschen und glattrühren. Eidotter dazugeben. Zitronensaft und -abrieb aufkochen und untergeben, Eiweiß und Zucker ausschlagen und unterziehen.

Originalrezepte von Herbert Wieser, Restaurant »Alte Sonne«

Sie kochte, kochte und kochte

Charles Laughton, Marlene Dietrich, Tyrone Power und Billy Wilder
während einer Drehpause von »Witness for the Prosecution«
(»Zeugin der Anklage«), 1958

*O*ftmals konnte es die große Schauspielerin kaum erwarten, am Herd zu stehen. Sie drehte Filme, bei denen sie sogar in den Pausen kochte – nicht für sich, sondern für das ganze Team, zu dem sie des öfteren auch den technischen Stab einlud.

1957 drehte sie mit Billy Wilder »Zeugin der Anklage« (»Witness for the Prosecution«). Wilder war einer ihrer Lieblingsregisseure. »Die Arbeit mit Dir hat mir außerdem Gelegenheit gegeben, Dich kennen- und liebenzulernen, was mich reicher gemacht und mit Dankbarkeit erfüllt hat«, schrieb sie ihm bereits am 14. Juli 1948. Mit Wilder und mit dem großen Schauspieler Charles Laughton verbrachte sie eine glückliche Zeit während der Dreharbeiten. Marlene Dietrich schwärmte von Laughton: »Er war ein großartiger Schauspieler, ohne Tricks, ohne Ansprüche, ohne all die Launen, mit denen viele große Schauspieler die Regisseure und Produktionsleiter quälen.« (3/197)

Charles Laughton ist »Fräulein« Dietrich ebenfalls in bester Erinnerung geblieben, wenn auch auf eine ganz andere Weise. Marlene spielte die mysteriöse Christine Vole. Die Szene im Rechtsanwaltbüro, in der sie die Fragen des Anwalts eiskalt beantwortet, war im Kasten. Sie war so gut, daß die Anwesenden wie versteinert dastanden und nicht in die Pause gehen wollten. Um die Schauspieler wieder in die Realität zurückzuholen, rief sie ihnen zu, daß sie für alle ein Mittagessen kochen werde! Ungarisches Gulasch, Nudeln und Gurkensalat. Zum Nachtisch Erdbeeren, angereichert mit Rotwein. »Und anschließend gab es einen wunderbaren Kaffee«, schrieb Laughton in einem Resümee vom 11.9.1957:

»Am nächsten Tag war die Szene, als Christine Vole mich im Zeugenstand beschimpfte und zusammenbrach. Sie war großartig. Wir alle hatten Tränen in den Augen. Eigentlich sollte die Dietrich jetzt erschöpft sein, doch sie lud uns wieder zum Lunch ein: Papierdünnes Wiener Schnitzel mit Rosenkohl und Artischocken zusammengemischt. Ursprünglich beabsichtigte sie als Beilage gekochte kleine Gartenerbsen auf französische Art, doch Marlene stolperte während der Zubereitung und schüttete sie auf den Boden. Zum Dessert servierte sie Palatschinken und einen wunderbaren Kaffee.«

Wenige Tage später folgte eine Szene, in der Marlene alias Christine wie ein Eisblock im Zeugenstand des »Old Bailey« stand und gegen ihren Ehemann aussagte. Die Spannung war so groß, daß das ganze Ensemble vor Aufregung zitterte. »Und an diesem Tag kochte sie für uns gesottenes Huhn mit Nudeln, aromatisierte frische Himbeeren und wieder ihren wunderbaren Kaffee.«

Selbst an einem drehfreien Tag kam Charles Laughton aus Begeisterung für Marlene (oder für ihr berühmtes Essen) ins Studio: »Ich hatte keine Drehtage, doch ich arrangierte es, um die Mittagszeit vorbeizukommen. Marlene kochte ›Beef Stroganoff‹ – saftig, leicht, nicht schwer – so hatte ich es niemals zuvor gegessen ... und es gab wieder wunderbaren Kaffee.«

Der Genießer Laughton hob die Dietrich in den siebten Kochhimmel: »Sie ist nicht nur eine gute Künstlerin, sondern auch eine wundervolle Köchin. Am Ende der Dreharbeiten fühlten wir uns alle wie überfüllte Matratzen. Selbst ich werde jetzt Diät halten!«

Billy Wilder meinte, »daß die Männer nur deshalb die Beine Marlenes bewundern, weil sie sich dann ein gutes Essen von ihr erhofften. Aber das ist nur ein Witz. Trotzdem sollte man es nicht versäumen, ihr ›Beef Stroganoff‹ zu versuchen.«

Marlenes Menue für Charles Laughton

*Weiße Essenz von Tomaten
mit feingeschnittenen Lauchzwiebeln
und Brotcroûtons
Beef Stroganoff mit breiten Butternudeln
Palatschinken mit in Grand Marnier
getränkten Erdbeeren*

Weiße Essenz von Tomaten mit feingeschnittenen Lauchzwiebeln und Brotcroûtons
(für 4 Personen)

8 große reife Fleischtomaten
2 Schalotten, grob gewürfelt
1–2 EL Olivenöl
1,5 dl Weißwein
1 l entfettete Rinderbouillon
1/2 Bund Lauchzwiebeln
4 Scheiben Toastbrot
Butter

Zum Klären der Brühe:
500 g Rinderhaxe, gewolft
2 Eiweiß
Meersalz

ZUBEREITUNG

Die Tomaten waschen, den Strunk heraustrennen und in grobe Würfel schneiden. Die Schalotten in Olivenöl angehen lassen. Die Tomaten zugeben, kurz dünsten und mit Weißwein ablöschen. Mit der Bouillon auffüllen und einmal aufkochen. Rund 15 Minuten köcheln lassen und dabei etwas reduzieren. Abkühlen lassen und in den Kühlschrank stellen. Für die Weiterverarbeitung muß die Suppe eiskalt sein.

Die gewolfte Rinderhaxe mit dem Eiweiß und etwas Meersalz gut durchrühren. In einen Topf geben, die eiskalte Suppe zugießen und mit einem Schneebesen gut durchschlagen. Unter ständigem Rühren langsam aufkochen und 15–20 Minuten ziehen lassen. Die Suppe durch ein Passiertuch gießen und abschmecken. Das Toastbrot, ohne Rinde, in Würfel schneiden und in Butter goldbraun und knusprig rösten. Die Lauchzwiebeln in feine Ringe schneiden und mit den Brotcroûtons in die Suppe streuen.

Beef Stroganoff mit breiten Butternudeln
(für 4 Personen)

600 g Rinderfiletspitzen
1 kleine Zwiebel
150 g Champignons
4 Essiggurken
1 TL Paprikapulver, edelsüß
1/2 l Bratensaft
1/4 l Sahne
1 TL Petersilie, gehackt
Salz, Pfeffer, Zitronensaft, Öl, Butter

ZUBEREITUNG

Die Zwiebel schälen und in kleine Würfel schneiden. Champignons putzen und in dicke Scheiben, Gurken in 0,5 cm dicke Stifte schneiden. Das Rinderfilet in 1 cm breite Streifen zerlegen. In einer möglichst großen Pfanne Öl erhitzen, das Fleisch darin rundum rasch anbraten, aus der Pfanne heben und in einen Topf geben. Im Bratrückstand 1 EL Butter erhitzen, die Zwiebel und die Champignons darin anschwitzen. Das Paprikapulver zugeben und kurz mitrösten. Bratensaft und Sahne zugießen, die Sauce cremig einkochen und mit Salz, Pfeffer und Zitronensaft würzen. Die Sauce zu dem Fleisch in den Topf gießen und die Gurken hinzugeben. Das Geschnetzelte erwärmen (nicht mehr kochen!) und mit Petersilie bestreuen.

Palatschinken mit in Grand Marnier getränkten Erdbeeren
(für 4 Personen)

200 g Mehl
250 ml Milch
125 ml Sahne
3 Eier
1 Msp. Salz
1 EL Zucker
1 EL Öl
Butter zum Backen
500 g Erdbeeren
100 g Staubzucker
50 g Grand Marnier

ZUBEREITUNG

Das Mehl in eine Schüssel sieben, Milch, Sahne, Eier, Salz, Zucker und Öl zugeben und alles zusammen zu einem glatten, dünnen Teig verrühren. Etwa 1 Stunde ruhen lassen und nochmals durchrühren.
In einer heißen Pfanne mit Butter dünne Palatschinken ausbacken.

Die Erdbeeren waschen, entstielen und vierteln und mit dem Staubzucker und dem Grand Marnier durchmischen. Die Palatschinken zusammenklappen und mit den Erdbeeren füllen. Mit Puderzucker bestäuben.

Originalrezepte von Steffen Rödel, »Hotel Palatin«

Wundermittel Kraftbrühe

Marlene beim Zubereiten ihrer legendären Kraftbrühe

»Liebster – dies ist Rindfleisch ohne jedes Fett im eigenen Saft. Das Fleisch kannst Du essen oder wegwerfen. Ohne Salz! Nur gesteamt ... Der Saft ist die Hauptsache ... Osterküsse und Dank für die Maiglöckchen. ... Dein Puma.«

Das schrieb die Dietrich ihrem damaligen Liebhaber Erich Maria Remarque auf Notizblätter des New Yorker »Plaza«, wo sie gemeinsam wohnten.

Als ihre Tochter eine Erkältung bekam, war sie überzeugt, Maria mit Kraftbrühen heilen zu können. »Als weder die Kraftbrühe mit ihrer Zauberkraft noch die ›Spezial-Hühnerbrühe‹ mich gesund machten, geriet meine Mutter in Panik. Sie rief die Herzogin von Kent an und bat sie um die private Telefonnummer des königlichen Leibarztes. Zu mir sagte sie: ›Herrscher haben immer die besten Ärzte, sie müssen am Leben bleiben, um zu regieren.‹« (1/485)

Marlenes Kraftbrühen, aus Rind- oder Hühnerfleisch gezogen, waren fast so berühmt wie sie selbst. Jeder, den sie ins Herz schloß, mußte sie probieren. In Thermosflaschen schleppte sie das Wundermittel in die Studios. Den alkoholsüchtigen Stummfilmstar John Gilbert, der für gewisse Zeit auch ihr Liebhaber war, glaubte sie mit Kraftbrühen heilen zu können, denn Alkoholismus sei doch nur eine entwürdigende Schwäche, die eher für die Männer der Unterschicht passe. Der sexbesessene John konnte angeblich nicht geheilt werden: »Er wollte es immer mit mir tun! ... Alles, was ich wollte, war, für ihn zu kochen und es gemütlich zu haben ... nicht das ganze Getue im Bett. Aber er dachte, ich würde ihn nicht lieben, wenn ich nicht mitmachte. Also machte ich mit. Er war nicht besonders gut ... Männer, die so sehr danach aussehen, sind das nie.« (1/414) Die Kraftbrühen bewirkten gerade das Gegenteil. Sie bestärkten ihn, mehr Alkohol zu konsumieren, und er glaubte, noch potenter zu sein. »Pfannkuchengesicht«, so spricht er sie in einem seiner Briefe an, »wärst du nicht in einer furchtbaren Klemme, wenn ich wirklich mit Trinken und Rauchen aufhörte ... Und wenn unsere sexuelle Beziehung dann endlich aktiv würde und ich mich nicht mehr so toll fände? Dann hättest du nichts mehr, worüber du dich aufregen könntest.« (1/414)

Zuerst kochte sie die Brühen für ihren Mann, dann auch für ihren ersten Liebhaber nach der Eheschließung, Josef von Sternberg. Jeden Tag brachte sie dem Starregisseur eine Variation ihrer Kraftsuppen in die Babelsberger Studios.

Es hieß, Marlenes Suppen hülfen immer und überall. Die körperlichen und geistigen Kräfte würden angeregt, Liebeskummer beseitigt oder Gefühle intensiviert. Kopfschmerzen vergingen im Nu, Rheuma werde gemildert, Fieber gesenkt, der Herzschlag normalisiert, der Teint geglättet, Haarausfall gestoppt, Fingernägel gehärtet oder Karies bekämpft.

Auf die Folgen verlorener Gebisse allerdings hatten ihre Kraftsuppen keinen Einfluß, mußte sie resignierend feststellen. Bei einer Atlantiküberquerung an Bord der »Bremen« fiel ihrem Dienstmädchen Resi bei einem Sturm das Gebiß über Bord, daraufhin erklärte sie, daß sie die Kabine nicht eher verlassen werde, bis sie wieder im Besitz ihrer Zähne sei. Marlene jedoch glaubte, Resi mit ihrem Wundermittel »Kraftbrühe« wieder so weit zu stabilisieren, um ihren Entschluß zu revidieren. Vergeblich! Sechs Tage blieb das Dienstmädchen in ihrer Kabine, und Madame war auf sich allein gestellt. Marlene Dietrich schaffte es, dank der Kraftbrühen, die es an Bord der »Bremen« unter der Bezeichnung »Bouillon« ohnehin jeden Vormittag um 11 Uhr gab.

Grundrezept zur gewöhnlichen Fleischbrühe
(für 4 Personen)

500 g Rind- oder Kalbfleisch
2 l Wasser
2 TL Salz
1 Bund Suppengrün
1 Zwiebel
je 2 Petersilien- und Selleriestengel

Zubereitung

Nachdem das Fleisch gewaschen wurde, legt man es in einen hohen mit Wasser und dem aufgelösten Salz gefüllten Topf. Man sollte das Wasser kräftig zum Kochen bringen, so daß die wertvollen Inhaltsstoffe des Fleisches austreten können. Der Schaum, der sich aus dem kochenden Wasser bildet, sollte mehrfach abgeschöpft werden. Die letzte halbe Stunde sollte das Wasser nur noch leicht sprudeln und dann nur noch köcheln. Das Suppengrün zerkleinern, die Zwiebel ungeschält waschen und mit dem Suppengrün nach etwa einer Stunde Kochzeit in die Brühe legen.

Nach 2 Stunden prüfen, ob das Fleisch schon weich ist, sonst noch weitere 20–30 Minuten kochen lassen. Dann wird das Fleisch aus der Brühe entfernt, nach Möglichkeit die Brühe durchpassieren und mit Beilagen (Nudeln, Pfannkuchenstreifen) bereichern.

Bei einer besonders kräftigenden Suppe sollte man der Brühe auch kleingehackte Knochen beifügen.

Kraftbrühe vom Huhn

1 Suppenhuhn mit Innereien
2 l Wasser (Verhältnis Fleisch zu Wasser: 1:5)
1/2 Bund Petersilie
1 1/2 TL Salz
1 Bund Suppengrün
1 Zwiebel

Zubereitung

Das Suppenhuhn wird ausgenommen und innen und außen kalt gewaschen. Herz und Magen sowie Leber ebenfalls waschen und das Huhn mit den gewaschenen Innereien im Salzwasser in einem hohen Topf zum Kochen bringen. Wenn das Wasser kocht, die Hitze etwas reduzieren und den Schaum mehrfach abschöpfen. Die Brühe 2–3 Stunden schwach sprudeln lassen, bis das Huhn weich wird.

Die Petersilie und das Suppengrün waschen, grob zerkleinern und nach 2 Stunden Kochzeit in die Brühe geben. Die Zwiebel schälen, halbieren und ebenfalls in die Brühe werfen. Dann das Huhn herausnehmen und die Brühe durchsieben. Das Hühnerfleisch kann – wenn es nicht zu sehr ausgekocht ist – kleingeschnitten und mit der Suppe serviert werden. Als Beilage für die Hühnerbrühe können Nudeln oder Eierflocken genommen werden.

Gesundheitsapostel

Widmungsfoto für Markus Auer
mit retuschierter Zigarette

𝒲enn Markus Auer eine Woche lang nichts von Marlene Dietrich hörte, wußte er, daß ihre Tochter zu Besuch war. Sie achtete peinlichst darauf, daß sich ihre Mutter gesundheitsbewußt ernährte. Deutsche Kost stand bei ihr auf der schwarzen Liste. Aber lieber hungerte die Dietrich, als sich ständig dem Diätplan ihrer Tochter zu unterwerfen.

»Meine Mutter bildete sich gern ein, daß wir sie verhungern lassen würden. Ich kochte, treue Verehrer schickten ihr auf großen Tabletts Delikatessen ins Haus, Anwohner erklärten sich bereit, ihre berühmte Nachbarin zu versorgen, und das Dienstmädchen, das täglich zwei Stunden kam, klagte, Madame würde ihr niemals erlauben, für sie zu kochen«, schreibt Maria Riva. (1/864)

In ihren letzten Jahren wollte sie nur noch deutsche Kost, die das »Maison d'Allemagne« nach ihren Wünschen servierte:

Die anerzogene preußische Disziplin, die ihr einstmals half, ihrem »Diktator« Josef von Sternberg aus egoistischen Gründen zu gehorchen, machte die Dietrich stark, auch die jeweiligen »Gesundheitstage« zu überstehen, die ihre Tochter verordnete. Disziplin bestimmte ihr ganzes Leben. Eine Disziplin zur Selbsthilfe. Durch von Sternberg ließ sie sich zu dem damaligen Idealbild der Frau formen. »Ich bin sein Produkt, ganz von ihm gemacht. Er höhlt meine Wangen aus mit Schatten, läßt meine Augen größer erscheinen, und ich bin fasziniert von dem Gesicht.« (1/102)

Um abzunehmen, trank sie, ohne auf ihre Gesundheit zu achten, Unmengen von heißem Wasser, in dem sie »Epsomer Bittersalz« auflöste. Sie aß nur kleine Mengen von rohem Sauerkraut, Dillgurken und Heringe. Und eigentlich versuchte sie »nichts zu essen«. Im nachhinein scheint Marlene der Tochter ein medizinisches Rätsel gewesen zu sein. Sie wunderte sich manchmal, daß sie nicht an Unterernährung gestorben ist.

Marlene nahm Abführmittel und Tabletten in großen Mengen und rauchte wie ein Schlot. Das allerdings wollte sie, nachdem sie das Rauchen aufgegeben hatte, nicht mehr zugeben. Ja sie retuschierte sogar die Bilder, auf denen sie mit einer Zigarette abgelichtet war. Ihr berühmtes Portrait von Eugene Robert Richee (1933), das sie elegant eine Zigarette haltend zeigt, widmete sie beispielsweise Markus Auer, ohne zu vergessen, dem Glimmstengel vorher mit einem Filzstift den Garaus zu machen.

Nach und nach wurde sie auch zu einem Tablettenfreak. Für alles hatte sie ihr Mittelchen, das sie strikt auch anderen verordnete, gleich, ob sie krank waren oder nicht. Hildegard Knef erlebte die Dietrich: »Sie mixt Drinks, packt Päckchen, Tüten und Pakete, packt sie voll mit Tabletten, Pastillen, Tropfen, Ölen, will gerüstet sein für Expeditionen in Kopfjägergebiete, gefeit gegen Cholera und Fischvergiftung, Wundstarrkrampf und Kreislaufversagen, Schnupfen, Nagelbettentzündung, Schlaflosigkeit, Hexenschuß, Leberschaden, Magenkatarrh, Obstipation, Neuralgie, Allergie, Zahnschmerzen, Seekrankheit, Bronchitis, Haarausfall, Ohrensausen. Prophylaktisches: ›Das nimmst du morgens, das mittags, das abends, das dreimal täglich, das zweimal, das im Notfall.‹ – ›Ich bring's durcheinander‹, sag' ich, ›werd' nachts im Bett stehen, tagsüber schlafen, zusammenbrechen!‹ Sie überhört, ist gerade Arzt, hat Sprechstunde, keine Zeit für Witzchen. Sie diktiert die Namen der von ihr konsultierten und für passabel gefundenen Internisten, Chirurgen und Spezialisten in Paris, Zürich, London, Amsterdam. ›Wenn etwas ist, ruf sie an‹, sagt sie und schließt die Praxis.« (4/270)

In einem fiktiven Interview stellt sich die Dietrich selbst die Frage: »Was ist es, das ihnen immer noch die Kraft zum Weitermachen gibt?«

»Vitamine!«

»Welche Art von Vitaminen nehmen sie?«

»Vitamin C, Vitamin E, Multivitamine, Vitamin A, Vitamin B-Komplex. Ich würde ohne sie meine Reisen nicht überstehen.« (3/317)

War die Dietrich jemals krank? »Gott sei Dank, nein«, sagt sie, »dafür hatte ich genügend Unfälle, keine Krankheiten.« (3/232)

Niemals erwähnte sie, daß sie Gebärmutterkrebs und eine Bypassoperation hatte.

Wenn einer ihrer Kollegen an irgendeiner Krankheit starb, prüfte sie sehr intensiv, ob sich diese Symptome auch bei ihr zeigten. Als Maurice Chevalier 1972 für immer die Augen schloß, trank sie literweise harntreibendes Mineralwasser. »Er konnte nicht pinkeln, deshalb starb er«, erklärte sie. »Ich werde nicht daran sterben! Aber Chevalier war so knickerig, daß er wahrscheinlich nicht einmal seinen Urin umsonst hergeben wollte!« (1/197)

Nach zehn Tagen Abstinenz meldete sich die Dietrich telefonisch wieder bei Markus Auer.
   »Wir können loslegen!«
   »Ist die Hungerzeit vorbei?«
   »Ich habe nie gehungert in meinem Leben, und wenn ich es getan haben sollte, dann nur, um meine Disziplin unter Beweis zu stellen.«
   »Wie wäre es heute mit Berliner Erbsensuppe und Eisbein, Heißgeräuchertem Schellfisch mit weißer Kümmelsoße, Puddingcreme mit Kaffeelikör.«
   »Na los! Auf was warten sie noch!«

Berliner Erbsensuppe und Eisbein
(für 4 Personen)

50 g Karotten
50 g Lauch
50 g Sellerie
50 g Zwiebeln
50 g Bauchspeck, in feine Würfel (Brunoise) geschnitten
30 g Butter zum Andünsten
300 g frische Erbsen (oder auch eingefrorene)
1 l geklärte Kalbskraftbrühe
250 g gepökeltes (nicht gekochtes) Eisbein,
vom Metzger in Würfel geschnitten
20 g Zucker
Salz, Pfeffer, Muskat, frisches Bohnenkraut
1/4 Liter saure Sahne (oder Crème fraîche)
1 kleine, geschälte rohe Kartoffel, fein gerieben, zum Abbinden

ZUBEREITUNG

Die Butter in einem mittelgroßen Topf bei nicht zu starker Hitze erwärmen, sodann die in Würfel geschnittenen Gemüsestücke darin andünsten, Eisbein und Erbsen dazugeben, anschließend mit dem Kalbsfond ablöschen und mindestens 20 Minuten bei mittlerer Hitze leicht köcheln lassen. Mit den Gewürzen abschmecken, die saure Sahne beigeben und mit der feingeriebenen Kartoffel abbinden.

Heißgeräucherter Schellfisch mit weißer Kümmelsauce
(für 4 Personen)

30 g Karotten
30 g Sellerie
30 g Lauch, in feine Würfel geschnitten
20 g Kümmel und 20 g Kreuzkümmel
1 Anisstern
1 kleines Bund Kerbel
1/2 l Sahne
1 EL Crème fraîche
50 g Butter
Salz, Pfeffer
Zitronensaft
2 cl Kümmelschnaps
1/2 l trockener Weißwein
480 g geräucherter Schellfisch

Zubereitung

Die feingeschnittenen Gemüsebrunoise zusammen mit dem Kümmel und den Gewürzen kurz bei mittlerer Hitze mit der Butter in einem flachen großen Topf mit hohem Rand (Sautoir) anbraten, mit Weißwein ablöschen, Zitronensaft dazugeben, kurz einkochen, den Fisch einlegen, Kerbel fein gehackt dazugeben und ca. 15 Minuten leicht köcheln lassen. Anschließend den Fisch herausnehmen, warm stellen und Sauce einkochen bzw. abpassieren.

Puddingcrème mit Kaffeelikör
(für 4 Personen)

1/2 l Milch, 1 Vanilleschote, 3 EL Speisestärke und 125 g Zucker aufkochen. Nach dem Kochen mit zwei Eigelb ablegieren, in kalt ausgespülte Förmchen geben, im Kühlschrank ca. 2 Stunden abkühlen. Stürzen und anrichten bzw. dekorieren.

Kaffeelikör

2 doppelte Espresso oder Mokka herstellen, mit 4 Eigelb und 250 g Zucker, 2 cl Schnaps, 2 cl Cognac und 2 cl Orangenlikör (Grand Marnier/Cointreau) und 1/8 l Milch im heißen Wasserbad aufschlagen, bis eine feine, konstante Masse entsteht. Abkühlen und kalt rühren im kalten Wasserbad.

Originalrezepte von Markus Auer, »Badische Weinstube«

Wie Wind und Wasser

Josef von Sternberg, Marlene Dietrich und Erich Maria Remarque, Sommer 1939

»Marlene ist wie der Wind und das Wasser.« Nachdem der große Osnabrücker Schriftsteller Erich Maria Remarque diese Erfahrung gemacht hatte, zog er sich zurück und mied die Frau, die Sternberg, Jahrzehnte nach seiner Entdeckung, als »Scheißweib« (Spiegel 25/2000) bezeichnete. Keiner ihrer Lieben hatte es leicht mit Madame, denn die Schutzsuchende ließ sich, gleich dem Wind und dem Wasser, nicht festhalten, war aber zu Tode betrübt, wenn sich ihre Partner ebenfalls die Eigenschaften dieser Elemente zu eigen machten.

Die erste Liebe dokumentierte sie in ihrem ersten Tagebuch. 1912 bekam sie es von Tante Vally geschenkt. Der Einband war aus rotem Leder, und die Blätter glänzten im Goldschnitt. Sie nannte es »Rotchen«. Bis ins hohe Alter kaufte sie sich diese Tagebücher. Am 13. Januar 1917 vertraute sie den leeren Blättern an: »... aber ich kann ja nichts dafür, daß ich ihn liebe mit all meiner großen Liebe. Es ist doch grad das Schöne, daß ich weiß, daß er mich mag. Guckt er nicht jedesmal rauf, an mein Fenster, wenn er vorbeifährt? Aber schön ist's doch, wenn man weiß, für wen man sich frisiert und hübsch anzieht, wenn er sich auch nichts daraus macht. Er ist meine erste, allererste Liebe ... Morgen auf der Parade sehe ich Dich, Fritzi. Da sehe ich Dich, Du, Du Engel, Du Gucki, Du!!!« Nur drei Tage später schrieb sie: »Nun ist es aus!« (1/29)

Ständig kennzeichnet das Auf und Ab ihrer Liebschaften die Tagebuch- oder später Terminplaneintragungen. Marlene entdeckte einige Monate später ihre Bisexualität. 17. Juli 1917: »Gräfin Gersdorff, mein Herz brennt vor Liebe zu Ihnen! Ich sterbe vor Liebe zu ihr. Sie ist so schön wie ein Engel ... Ich möchte ihre Hand halten und möchte sie küssen, küssen bis ich sterbe.« (1/34) Am 30. August 1917 ist alles wieder vorbei: »Sie hat vor zehn Tagen eine Ansichtskarte geschrieben und jetzt nie wieder ... Habe ich eigentlich einmal eine reine glückliche Liebe gehabt?« (1/36)

Zwei Jahre später brachte die Mutter ihre »sinnliche« Tochter nach Weimar in ein Internat. Professor Reiz, ihr Geigenlehrer, weit älter als sie, verliebte sich in Marlene. Nach den Weihnachtsferien, im Januar 1920 geschah es dann: »Nicht einmal die Hosen hat er ausgezogen. Ich lag auf dem alten Sofa, der rote Plüsch kratzte an meinem Hintern. Mein Rock war über meinem Kopf. Er stöhnte und schwitzte. Es war furchtbar.« (1/48) Die folgende Tagebuchseite blieb leer.

Viele leere Seiten sind seither in ihren Tagebüchern und Terminplanern zu finden.

Leer blieb auch ein Tagebuch, das sie am 30. März 1946 mit drei vollgeschriebenen Seiten in Paris begann: »Früher wollte ich immer aufschreiben, was mir so passiert. Ich dachte mich dann nicht so aufzuregen über Ereignisse … Die Zeit ist ein Alptraum in der Stadt meiner Träume. Jean war immer noch der gleiche mißtrauische Typ wie in Amerika, außer, daß er dort viel netter war … Ich entschuldige alles, weil ich ihn sah als einen entwurzelten Baum … Ich erwartete eine starke Schulter, an die ich mich anlehnen kann …«

So wie es ihr mit Jean Gabin erging, sollte es ihr ganzes Leben lang bleiben. Bei all ihren Männern und Frauen fand sie nicht die »starke Schulter«. Vielmehr war sie es, die diesen liebgewonnenen Menschen ein zuhause gab, die sie bemutterte, bekochte, binden wollte. Sollte sie aber in den Käfig gesperrt werden, floh sie. Begonnen hatte es mit Sternberg, aufgehört hat es nie, gleichgültig, wie viele es waren und wie sie hießen.

Es ging ihr weniger um Sex als um ein geborgenes Geliebtwerden, das sie auch in Erich Maria Remarque, dem Autor des Weltbestsellers »Im Westen nichts Neues«, glaubte gefunden zu haben. Ihre erste Begegnung fand in Venedig statt. »Remarque und ich, wir sprachen bis zum Morgengrauen! Es war wunderbar! Dann sah er mich ganz ernst an und sagte: ›Ich muß Ihnen etwas gestehen – ich bin impotent!‹ Und ich schaute zu ihm auf und sagte: ›Ach, wie wunderschön!‹ Ich sagte es mit einer solchen Erleichterung! Ich war glücklich! Wir würden einfach nur reden und schlafen, zärtlich sein, alles so wunderbar leicht!« (1/530)

Eine herrliche Zeit schien sich für beide anzubahnen, vor allem an der Côte d'Azur im Hotel du Cap d'Antibes. Aber bald fühlte sich »Boni«, wie er von Marlene genannt wurde, durch »Puma«, wie er sie rief, tief verletzt, »zerkratzt, liebkost, mit Küssen bedeckt und bespuckt. Ich habe viele Wölfinnen gesehen, die sich darauf verstehen, ihr Aussehen zu ändern, aber ich kenne nur einen solchen Puma.« (1/571)

Sie entwürdigte ihn mit anderen Männern. Der große Remarque ging und zeigte Verständnis für sie: »... ihre Drehzahl liegt bei tausend Umdrehungen pro Minute, während wir uns mit hundert begnügen. Wir brauchen eine Stunde, um sie zu lieben, doch sie liebt uns in sechs Minuten genauso.« (1/578)

Und dann kam Jean Gabin. Ein Franzose, der in Amerika Halt suchte. Er lief in die Arme der Dietrich, die sich wieder gebraucht fühlte und ihn bemutterte wie ein Kind: »... wenn er abends heimkam, begrüßte sie ihn mit großer Schürze an der Tür ... während schon der Duft des Cassoulet in der Luft hing.« (1/580)

Wieder einmal war sie die »starke Schulter«, die ihn aber nicht stützen konnte. Wie sagte doch Remarque: »Man kann den Wind nicht einsperren. Das Wasser auch nicht, wenn man es tut, werden sie faul.« (6/324)

Geigensolo für Jean Gabin

Menue à la Erich Maria Remarque

Suppe aus weißen und roten Perlzwiebeln,
Saubohnen und geräucherten Jakobsmuscheln
Loup de mer, in Pergament gegart, auf Fenchel-Kresse-Salat
Cassoulet von Taube mit Trüffeln
Schokoladen-Mascarpone-Törtchen mit Mandeleis
(für 4 Personen)

Suppe aus weißen und roten Perlzwiebeln, Saubohnen und geräucherten Jakobsmuscheln

1 Suppenhuhn
1 Bund Suppengemüse (Lauch, Sellerie, Karotte)
250 g Schalotten
2 Eiweiß
80 g Pilze
30 g Butter
1 EL Honig
Sojasauce, Zitrone, Obstessig
12 geschälte weiße und rote Perlzwiebeln
100 g Saubohnen (geschält)
150 g gelbe und rote Kirschtomaten am Strauch
4 Jakobsmuscheln
frischer Estragon und Oregano

Zubereitung

Aus dem Suppenhuhn und dem Gemüse eine kräftige Brühe kochen, erkalten lassen und mit Schalotten und Eiweiß klären. Die Pilze in Butter goldbraun schmoren, Honig, Sojasauce, Zitrone, etwas Essig und 1/5 Liter Wasser hinzufügen und ca. 30 Minuten köcheln lassen. Durch ein Sieb passieren und in dem Fond die Perlzwiebeln garen.

Saubohnen kurz in Butter anziehen. Jakobsmuscheln salzen und pfeffern und ca. 2–3 Minuten im Räucherofen garen.

Anrichten:

Saubohnen, Perlzwiebeln und Tomaten in tiefe Teller verteilen. Muscheln halbieren und aufsetzen, Brühe aufgießen und mit Kräutern garnieren.

Loup de mer, in Pergament gegart, auf Fenchel-Kresse-Salat

2 Loup de mer, je 300–450 g
Salz
1 Bund Dill
Pergamentpapier
150 g Butter
Kartoffelscheiben
2 EL Zitronensaft
6 EL trockener Weißwein
100 g Räucherfisch
1 Salatgurke
1 Bund Brunnenkresse
1 Bund rote Kresse
1 Frühlingszwiebel
150 g Babyfenchel
2 EL Obstessig
2 EL Traubenkernöl
weißer Pfeffer aus der Mühle
eine Prise Zucker

Zubereitung

Den Backofen auf 240° C vorheizen. Den Loup de mer, den der Fischhändler ausgenommen, aber nicht entgrätet hat, gründlich unter fließendem Wasser waschen und sorgfältig trockentupfen.

Das Pergamentpapier mit je zwei Scheiben Butter belegen. Den Loup de mer von innen und von außen salzen und auf die Butterscheiben legen. Fische mit Dill und Räucherfisch füllen, mit Zitronensaft und Wein beträufeln. Mit je zwei Scheiben Butter belegen. Einige Kartoffelscheiben unter die Schwanzflossen legen, damit die Fische gleichmäßig garen.

Die Fische in das Pergamentpapier einrollen und an beiden Seiten zubinden. Die Pakete auf ein Backblech legen. Den Loup de mer etwa 12–15 Minuten garen.

Inzwischen den Fenchel marinieren, Zierkresse abschneiden, Frühlingszwiebel putzen und fein schneiden. Gurke waschen und ungeschält fein würfeln. Zuletzt Fenchel, Zwiebel, Gurkenwürfel, Essig und Öl mischen. Mit Salz, Pfeffer und Zucker abschmecken.

Anrichten:

Die Fische im Pergament auf die Teller geben. Den Loup de mer zusammen mit den Kartoffelscheiben und dem Garsud direkt aus dem Pergamentpapier essen.

Den Salat servieren und mit Dill bestreuen. Oder den Salat auf Teller verteilen, den Fisch aus dem Pergament nehmen und mit Kartoffelscheiben und dem Sud auf dem Salat anrichten.

Cassoulet von Taube mit Trüffeln

4 ausgelöste Brüste von der Taube
4 Keulen von der Taube
Salz, Pfeffer, Öl

Trüffelsauce:
10 g Butter
2 Schalotten
1/4 Liter Geflügelfond
1/8 l Trüffeljus
1/8 l Crème double
40 g kalte Butter
30 g geschlagene Sahne

Gemüse:
Grüner Spargel
etwas Zucker
50 g Trüffeln
1/8 l reduzierter Portwein
1/8 l Madeira
Salz und Pfeffer aus der Mühle

ZUBEREITUNG

Fleisch salzen und pfeffern, in heissem Öl anbraten. Herausnehmen und auf einem Küchenkrepp abtropfen lassen. Die Keule und die Taubenbrust danach drei Minuten im Ofen garen.

Schalotten fein würfeln, in Butter glasig dünsten. Mit Geflügelfond und Trüffeljus anfüllen, dann auf ein Drittel reduzieren.

Crème double zufügen, nochmals reduzieren. Sauce durch ein feines Sieb passieren, salzen und pfeffern. Dann kalte Butter langsam einrühren, geschlagene Sahne unterheben und vor dem Servieren mit einem Stabmixer aufschäumen.

Spargel putzen, blanchieren, in Butter schwenken und mit Salz, Pfeffer und Zucker würzen. Geputzte Trüffeln in 0,5 cm dicke Scheiben schneiden und in dem Portwein und Madeira kurz glasieren.

Schokoladen-Mascarpone-Törtchen mit Mandeleis

Mascarponecrème:
2 1/2 Blatt weiße Gelatine
2 Eigelb
40 g Puderzucker
125 g Mascarpone
3 EL Marsala
1/2 l Sahne
1 Eiweiß
1/2 Päckchen Vanillezucker

Gelatine in Wasser einweichen, Eigelb und Puderzucker verquirlen, Mascarpone zufügen und glattrühren. Gelatine in warmem Marsala auflösen, unter die Crème ziehen. Sahne steif schlagen, unterheben. Eiweiß und Vanillezucker steif schlagen und ebenfalls unterheben.

Schokoladencrème:
20 g Halbbitterkuvertüre
20 g Vollmilchkuvertüre
1 Blatt weiße Gelatine
1 Eigelb

1/2 Päckchen Vanillezucker
1 EL Armagnac
1/10 l Sahne

Kuvertüre im Wasserbad auflösen, Gelatine einweichen. Ei und Vanillezucker verquirlen. Aufgelöste Kuvertüre unterrühren. Ausgedrückte Gelatine in warmem Armagnac auflösen und unter die Masse ziehen. Sahne steif schlagen und unterheben.

Eine Terrinenform (ein Liter Inhalt) mit Klarsichtfolie auslegen und die Hälfte der Mascarponecrème einfüllen. Mokkacrème darauf geben und mit der restlichen Schokoladencrème überziehen. Glattstreichen, im Kühlschrank fest werden lassen.

Sauce:
100 g Zucker
60 g Butter
Zitronenzeste
außerdem:
1 Päckchen Strudelteig
Läuterzucker
200 g Erdbeeren
einige Blättchen Zitronenmelisse
Mandeleis
Puderzucker und Kakaopulver zum Bestäuben

Zucker und 5 EL Wasser zu Karamel kochen. Mit $1/10$ l Wasser ablöschen. Etwas abkühlen lassen, Butter unterschlagen.

Anrichten:
Teig in Dreiecke schneiden. Läuterzucker aufpinseln. Auf einem Blech im Backofen bei 220° C goldbraun backen. Mascarpone-Mokkacrème stürzen. In Scheiben schneiden. Jeweils zwischen zwei Teigstücke eine Crèmescheibe schichten. Mit Puderzucker und Kakaopulver bestäuben. Sauce angießen. Eiskugel daneben legen, mit Erdbeeren und Zitronenmelisse garnieren.

Originalrezepte von Frank Nagel, »Arkona Hotel Remarque«

Menue à la Jean Gabin

Crèmesuppe von Blumenkohl
Radieschensalat mit Kräutern
Fischrouladen aus Seehecht
Gebratene Kalbshaxe
Bayerische Crème

Crèmesuppe von Blumenkohl

500 g Blumenkohl
1/2 l Wasser
1/4 l Milch
1 Eigelb
1/8 l Sahne
1/2 TL Salz
1 Prise Muskatnuß
Pfeffer

Zubereitung

Den Blumenkohl in Röschen zerteilen und über Nacht in salziges Wasser legen. Die Röschen dann in kochendes Wasser geben und zugedeckt bei milder Hitze ca. 30 Minuten kochen lassen. Der Blumenkohl wird dann mit der Brühe durch ein Sieb passiert. Die Brühe mit der Milch verrühren und zugedeckt bei milder Hitze noch einmal erwärmen. Das Eigelb mit Sahne, Pfeffer und Muskat verquirlen, einige Eßlöffel heiße Suppe unter das Eigelb/Sahne-Gemisch rühren und unter die Suppe ziehen.

Radieschensalat mit Kräutern

2 Stengel Zitronenmelisse
1/8 l saure Sahne
1 EL Magerquark
1 TL Öl
1 Msp. Senf
1 TL frisch gemahlener schwarzer Pfeffer
1 EL Zitronensaft
2 Msp. Salz
1 Msp. Zucker
2 Bund Radieschen
1/2 Bund Dill, fein geschnitten

ZUBEREITUNG

Die Zitronenmelisse kalt waschen und kleinschneiden. In einer nicht zu kleinen Schüssel die restlichen Zutaten bis auf die Radieschen zu einer Soße gut verrühren. Die Radieschen in feine Scheiben schneiden und in die Salatsauce geben. Dill fein gehackt über den Salat streuen.

Fischrouladen aus Seehecht

4 Seehechtfilets à 200 g
1 Zitrone
1 rote Paprikaschote
100 g Speck
2 Essiggurken
1 TL Öl
1/2 TL Salz
1 TL Estragon
1 Msp. Pfeffer
1 kleine Zwiebel
2 EL Öl
Tomatensoße
1/2 Knoblauchzehe

Zubereitung

Die Seehechtfilets mit dem Zitronensaft beträufeln und 30 Minuten ziehen lassen. Die Paprikaschoten werden halbiert, von den Kernen befreit und in Streifen geschnitten. Speck und Essiggurken ebenfalls in schmale lange Streifen schneiden. Den TL Öl erhitzen und die Paprika-, Speck- und Gurkenstreifen etwa 4 Minuten darin anbraten. Die Fischfilets werden trockengetupft, gesalzen und mit der glatten Seite nach oben mit Speck- und Gemüsestreifen belegt. Die Filets mit Estragon und Pfeffer bestreuen, aufrollen und mit Holzspießchen feststecken. Zwiebel schälen und kleinwürfeln, Öl in einer großen Pfanne erhitzen, Zwiebelwürfel darin anbraten, Fischrouladen dazugeben und anbraten. Zugedeckt bei milder Hitze in 15 Minuten garen. Während der Garzeit die Rouladen hin und wieder wenden.

Die Tomatensauce mit dem Knoblauch anreichern, 5 Minuten ziehen lassen und über die Fischrouladen gießen. Zusammen servieren. Als Beilage 2 kleine ungeschälte Pellkartoffeln, mit Honig leicht gesüßten Joghurt, vermischt mit einem TL grünem Pfeffer, reichen.

Gebratene Kalbshaxe

1 1/2 kg Kalbshaxe
1 TL Salz
1/2 TL Pfeffer
1 Möhre
1 Stück Sellerieknolle
1 Zwiebel
1/2 Tasse heißes Wasser
80 g Butterschmalz
1/4 l Fleischbrühe
1 EL Mehl
6 EL Wasser
1 TL Zitronensaft
4 EL saure Sahne

Zubereitung

Kalbshaxe mit Salz und Pfeffer einreiben, den Backofen auf 200° C vorheizen, das Gemüse kleinschneiden, die Zwiebel schälen. Butterschmalz in einem Bratgeschirr erhitzen, die Kalbshaxe auf dem Herd bei mittlerer Hitze rundherum braun anbraten. Das heiße Wasser seitlich um die Haxe gießen, das Fleisch dann etwa 2 1/2 Stunden im

Bratofen braten lassen. Alle 15 Minuten mit dem Bratensaft begießen. Die Haxe gelegentlich wenden, aber kein Wasser nachfüllen.

In den letzten 30 Minuten das Gemüse zur Haxe geben und mitbraten. Das Fleisch herausnehmen, warm stellen und den Bratfond mit der Fleischbrühe lösen und erhitzen. Das Mehl mit dem kalten Wasser anrühren, die Soße damit binden, einige Male aufkochen lassen, mit Zitronensaft abschmecken und mit der Sahne verfeinern.

Bevor man die Soße zum Braten gibt, sollte man sie passieren. Als Beilage Semmelknödel.

Bayerische Crème

6 Blätter weiße Gelatine
1 Vanilleschote
4 Eigelb
5 EL Zucker
¼ l Milch
¼ l Sahne
1 Pck. Vanillezucker

ZUBEREITUNG

Die Gelatine in kaltem Wasser einweichen und 10 Minuten ziehen lassen. Die Vanilleschote wird längs aufgeschnitten und mit dem Messerrücken etwas flach geklopft. Die Eigelb mit dem Zucker in einer hitzebeständigen Schüssel schaumig rühren, nach und nach die Milch zugießen und zuletzt die Vanilleschote hinzufügen.

In einem Topf so viel Wasser zum Kochen bringen, daß die Schüssel zu etwa zwei Dritteln im Wasser steht. Sobald das Wasser kocht, die Hitze reduzieren und die Schüssel ins Wasserbad stellen. Das Wasser soll dann nur noch ganz leicht kochen. Die Crème so lange im Wasserbad rühren, bis sie beginnt dickflüssig zu werden. Die Vanilleschote entfernen, die Gelatine aus dem kalten Wasser nehmen, ausdrücken und in die heiße Crème geben.

Die Schüssel aus dem Wasserbad nehmen und die Gelatine unter Rühren in der Crème auflösen. Während die Crème kalt wird, des öfteren umrühren. Die Sahne mit dem Vanillezucker steif schlagen, etwas Schlagsahne zum Verzieren zurückbehalten und den Rest unter die bereits abgekühlte Crème ziehen. Die Crème in kleine kalt ausgespülte Förmchen füllen und im Kühlschrank völlig erstarren lassen. Vor dem Servieren stürzt man die Crème auf einen Teller, dann mit der restlichen Schlagsahne verzieren.

Aus Marlene wird Lili Marlen

Mit den Alliierten zog Marlene Dietrich 1945 in Deutschland ein.
Wo sie erschien, mußte sie Autogramme geben.

Im Jahr 1943 zog Marlenes dreiunddreißigjähriger Geliebter Jean Gabin in den Krieg. Großzügig ließ er ihr Kunstwerke – darunter ein Renoir – als Pfand zurück, denn er hatte die feste Absicht, sie zu heiraten. Abgesehen davon, daß die amerikanischen Männer eingezogen wurden, spürte man in den Staaten kaum etwas von dem mörderischen Geschehen jenseits des Atlantik. Man wartete ab. Diese Gleichgültigkeit erregte Marlene Dietrich. Sie wollte etwas dagegen unternehmen, die Menschen mit ihren Mitteln aufrütteln. Sie wollte helfen, Deutschland von der Diktatur zu befreien. Kurz entschlossen verkaufte sie einen Großteil ihres Besitzes, ging nach New York und gesellte sich zu den 7334 Entertainern, die darauf warteten, in der künstlerischen Truppenbetreuung eingesetzt zu werden. Endlich wurde ihre selbst einstudierte Show getestet und für gut befunden. Am 4. April 1944 flog sie mit einem Militärtransporter nach Nordafrika. Ihre erste Veranstaltung für die GIs fand im Opernhaus von Algier statt. Die 2000 Soldaten tobten. Sie war glücklich, nicht nur wegen des Erfolges, sondern weil sie in diesen Tagen auch Jean Gabin als Panzerkommandanten wiederfand.

Marlene wurde bald zur Soldatin von besonderer Güte und entwarf sich selbst eine Phantasieuniform. Sie lebte wie ihre Kameraden. Sie kochte Kriegs-Gulaschsuppe in der Feldküche, aß aus dem Blechnapf, schlief in Zelten und Ruinen, bekam Filzläuse und stärkte die Moral der Truppe nicht nur mit ihren Auftritten: »Wenn ein GI mich ansieht, ist's nicht schwer, seine Gedanken zu lesen!« Man fragte sie damals, ob sie auch mit Eisenhower geschlafen hätte. Ihre Antwort: »Wie könnte ich, Ike war doch nicht an der Front!«

In dieser Zeit wurde »Lili Marlen« zum Soldatenschlager. Marlene nahm den Titel, den ursprünglich Lale Andersen sang, in ihr Repertoire auf. Er wurde und blieb ihr Markenzeichen. Aus Marlene wurde Lili Marlen und umgekehrt. Die johlenden Soldaten schwiegen, wenn sie das Lied anstimmte. Während einer Livesendung unterbrach sie unvermittelt ihren Gesang und beschwor die Soldaten: »Jungs! Opfert euch nicht! Der Krieg ist doch Scheiße, Hitler ist ein Idiot!«

Sie gastierte an fast allen Kriegsschauplätzen: Nordafrika, Italien, Grönland, Island, England, Belgien, Holland und Frankreich. Zweimal kam sie während ihres Einsatzes nach Paris. Im August 1944 traf sie im »Ritz« den Kriegsberichterstatter Ernest Hemingway. Der Martini, der Cognac, der Wein und der Champagner flossen in Strömen. Ein zweites Mal kam sie im Februar 1945 in die angeschlagene Metropole.

In Erinnerung an die viele Jahre zurückliegende Restauranttour, bei der sie ihr Mann zum Feinschmecker machen wollte, schickte sie ihm eine Menuekarte aus dem Restaurant »Claridge«, auf die sie folgende Bemerkungen schrieb: »Du kannst Dir vorstellen, was die Armen essen, wenn man das in einem Luxusrestaurant bekommt. Da geht man ein halbe Stunde zu Fuß und bekommt das zum Abendessen! Ich habe von dem Phenol in der Armeeverpflegung einen verkorksten Magen und muß unbedingt etwas ›Frisches‹ essen. Und dann das! Zweihundert Francs für den Wein, und der ist so ziemlich das einzig Anständige, was man bekommt. Rund 680 Francs zusammen, das sind 13,50 Dollar. Wenn Du also irgendwo liest, daß es sich in Paris gut leben läßt und daß es hier phantastische Schwarzmarktrestaurants gibt, glaube kein Wort davon.«

Ihr Kommentar zur Luxussteuer: »Welcher Luxus?« Randbemerkung: »Jean ist den ganzen Tag draußen bei den Panzern, legt dann den ganzen Weg zurück, um mich zu sehen, wäscht sich und ißt seine Verpflegungsration, die ihm überhaupt nicht schmeckt.« (1/620)

Gabin traf sie wenige Monate nach ihrem Pariser Aufenthalt in Landsberg am Lech wieder, als General de Gaulle die Truppenschau der 2. Französischen Panzerdivision abnahm. Da sie ihn nicht gleich fand, lief die uniformierte Marlene während der Parade die Panzer ab, indem sie ständig seinen Vornamen rief. Schließlich hatte sie Glück. Er sprang vom Panzer. Sie küßten sich unter den Augen des Generals.

Ihr offizieller Truppeneinsatz endete am 13. Juli 1945: »Es war das einzig Wichtige, was ich je getan habe«, beteuerte sie immer wieder. Später wurde sie für ihren Einsatz mehrfach ausgezeichnet.

1947 erhielt sie als erste Frau der Welt die »Medal of Freedom«, die höchste amerikanische Auszeichnung für Zivilpersonen, die sie auch auf ihrem letzten Weg zum Friedhof in Schöneberg begleitete.

Ein Rezept für eine Kriegs-Gulaschsuppe gibt es natürlich nicht, selbst in Marlene Dietrichs Tagebuchaufzeichnungen finden sich keine konkreten Angaben.

»Der Phantasie«, so schrieb einmal ein deutscher Soldat aus dem Zweiten Weltkrieg, »waren bei der Essensgestaltung keine Grenzen gesetzt. Die Hauptsache war, wir hatten etwas zu kauen und zu

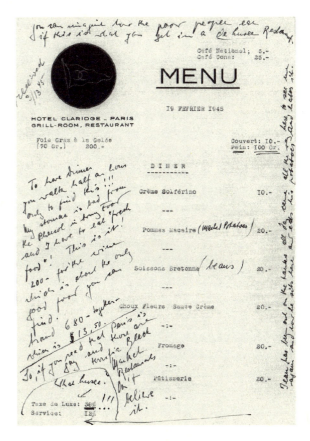

Menuekarte mit Notizen von Marlene Dietrich

schlucken. Die köstlichen Suppen haben wir aus Wasser, Wiesenpflanzen, Käfern und, wenn es sein mußte, auch aus Dreck gemacht. Der Stahlhelm diente als Topf, den man auf ein Feuer stellte. Gleichzeitig war er Teller und Tasse, aus dem man sich vorstellte, die besten Fleischsuppen zu schlürfen oder einen anregenden Glühwein zu trinken.«

Handtuch-, Servietten- und Schmierrezepte

Marlene Dietrich in ihrer liebsten Rolle als Hausfrau

*W*ie jede Hausfrau sammelte auch Marlene Kochrezepte. Sie schnitt sie aus Zeitungen aus. Sie heftete Geschirrhandtücher, die mit interessanten Gerichten versehen waren, an die Küchenwand. Sie nahm Stoffservietten mit, auf denen man ihr zu Ehren das Menue, das sie genossen hatte, verewigte, oder sie schmierte ein Rezept, das sie im Rundfunk hörte, auf die Rückseite eines gerade greifbaren Geschäftsbriefes. Das belegen auch einige Beispiele aus der Marlene Dietrich Collection.

REZEPT AUF EINEM GESCHIRRHANDTUCH:

Couscous
(für 4 Personen)

500 g Couscous
1 l Salzwasser
125 g Butter

ZUBEREITUNG

Couscous in einer Schüssel mit 1/2 l lauwarmem Salzwasser übergießen und verrühren. Etwa 1/2 Stunde ruhen lassen, bis das Wasser aufgesogen ist, und die Körner mit den Händen zerkrümeln. In den Couscous-Topf geben. Aufkochen lassen und den Grieß 5 Minuten lang dämpfen. (Dampf tritt durch den Grieß hindurch.) In die

Schüssel zurückgeben und wiederum mit ½ l Salzwasser begießen, verrühren und mit den Händen zerkrümeln. Ruhen lassen. Diesen Vorgang 3mal wiederholen. Beim letzten Mal Butter hinzufügen und wieder mit den Händen einkneten.

Bouillon (»Marga«)

1 kg Lammkeule oder -schulter
1 Glas Öl
1 gewürfelte Zwiebel
½ TL ger. Pfeffer, schwarz
1 EL roter Pfeffer
Salz
1 Handvoll Kichererbsen, Gelbe Rüben-Gemüse, Karotten
Artischockenböden
Erbsen
etwas Kohl
kleine rote Peperoni

ZUBEREITUNG

Lammkeule oder -schulter in mittlere Stücke schneiden und in dem Öl mit der gewürfelten Zwiebel anbraten. Pfeffer, Salz, 1 l Wasser und über Nacht eingeweichte Kichererbsen hinzufügen. Alles etwa 45 Minuten kochen lassen. Nach der halben Kochzeit das Gemüse hinzufügen: gelbe Rüben, Zucchini, Karotten, Artischockenböden, Erbsen und etwas Kohl.

Scharfe Soße: (extra reichen)
In einem Glas Bouillon kleine rote getrocknete Peperoni zerstoßen.

»Crêpes bretonnes«
(Bretonische Pfannkuchen)

250 g Mehl
4 EL Zucker
1 Prise Salz
3 Eier
Vanille
Rum oder Cognac
3 EL Butter
1/2 l Milch

Zubereitung

In einer Schüssel Mehl, Zucker und Salz vermischen. Eier hinzufügen und alles gründlich verrühren, so daß keine Klümpchen entstehen. Mit Vanille abschmecken, Rum oder Cognac und Butter und Milch hinzufügen. Den Teig einige Stunden ruhen lassen. Eine Crêpe-Pfanne leicht buttern, etwas Teig hineingeben und gleichmäßig in der Pfanne verteilen. Bei starker Hitze braten. Wenn die Crêpe leichte Blasen schlägt, in der Luft wenden.

Aus einem Zeitungsausschnitt:

Dänische Schinkenröllchen in Samsoe-Käse-Sauce

(für 6 Personen)

Bei diesem leckeren Party-Essen kommt das in Dänemark beliebte Lauchgemüse besonders zur Geltung.

6 Lauchstangen
3 EL Butter
2 EL Mehl
1/2 TL Salz
1 1/4 Tassen Milch
ca. 120 g geriebener Samsoe-Käse
(falls nicht vorhanden: Emmentaler Käse)
6 Scheiben dänischer Schinken

Zubereitung

Die oberen grünen Teile vom Lauch abschneiden und die Stangen gründlich waschen, um den Sand zu entfernen.

In einen Topf geben, Salz hinzufügen und mit kochendem Wasser bedecken. Deckel auflegen und 10 Minuten leicht köcheln lassen, dann vorsichtig abgießen. In der Zwischenzeit Butter auslassen, mit Mehl und Salz verrühren. Langsam unter Rühren die Milch hinzufügen und aufkochen lassen. Unter ständigem Rühren 1–2 Minuten kochen lassen. Die Hälfte des geriebenen Käses hinzufügen und so lange rühren, bis sich der Käse in der Sauce aufgelöst hat.

Die Schinkenscheiben mit Senf bestreichen und je eine Lauchstange in eine Scheibe Schinken einrollen. In eine flache Auflaufform geben und mit der Sauce übergießen. Die Oberfläche mit einer

Mischung aus geriebenem Samsoe-Käse, 1 EL geriebenem Brot und 3/4 EL Paprikapulver bestreuen. Butterflöckchen gleichmäßig verteilen und in 4–5 Minuten im heißen Ofen überbacken.

AUF EINER SERVIETTE:

Galamenue des Palace Hotel in Gstaad (Schweiz) anläßlich des Besuches von Marlene Dietrich am Samstag, 15. Februar 1964.

»Extases« de la Caspienne (Kaviar)
Doppelte Kraftbrühe von der Waldschnepfe nach Lacroix
mit Markklößchen nach »Talleyrand«
Seezungenfilet »Tour d'Argent«
Lammrücken de la Vilette und Frühgemüse
Frische Trüffeln »Lola«
Früchtecrème »Shanghai Express«, übergossen mit einem
Saint Léger des Charentes und altem Cognac
Champagner von G. H. Mumm (Cuvé »Blauer Engel«)
Perrier-Jouet 1955

Doppelte Kraftbrühe von der Waldschnepfe mit Markklößchen

1.

500 g Rinderknochen
Suppengrün (Möhre, Porree, Petersilienwurzel, Sellerie)
2 Zwiebeln, geviertelt
Basilikum, Rosmarin
6 Wacholderbeeren
3 Nelken, ganz
1/2 Knoblauchzehe
2 l Wasser
Salz

2.

1 küchenfertige Waldschnepfe

3.

1 Eiweiß
1 Eierschale, zerdrückt
3 EL kaltes Wasser
2 große Zwiebeln – in Scheiben geschnitten
(alles zusammen verrühren, etwas aufschlagen)

ZUBEREITUNG

Alle Zutaten aus 1. im gesalzenen Wasser zum Kochen bringen. Die küchenfertige Waldschnepfe hineingeben und bei schwacher Hitze garen. Die Schnepfe herausnehmen, die Brühe durch ein Sieb gießen.

Die Zutaten aus 3. verrühren, etwas aufschlagen, zur Brühe geben und unter ständigem Rühren bei starker Hitze bis kurz vor dem

Kochen erhitzen. Dabei gerinnt das Eiweiß und bindet die in der Brühe enthaltenen trüben Bestandteile – »klären«!

Brühe durch weiteres Köcheln innerhalb von 10–15 Minuten reduzieren.

Markklößchen:
40 g Rindermark
1 ganzes Ei
1 Prise Salz
ca. 50 g Semmelmehl
Petersilie
1 l Kraftbrühe von der Waldschnepfe

ZUBEREITUNG

Mark, Ei und Salz vermischen, Semmelmehl dazugeben, aber nur so viel, daß ein geschmeidiger Teig entsteht. Die Masse 30 Minuten ruhen lassen, dann mit nassen Händen oder zwei Teelöffeln kleine Klößchen formen.

Die Kraftbrühe erhitzen, darin die fertig geformten Klößchen ca. 15 Minuten ziehen lassen. Mit gehackter Petersilie bestreuen und servieren.

Seezungenfilet »Tour d'Argent«

2 Seezungen, je 500 g
Salz, Pfeffer
200 g Butter
1 EL gehackte Petersilie, Kerbel
1/2 l Fischfond
1 TL frisch gehacktes Estragon
Pergamentpapier

Zubereitung

Die Seezungen filetieren, waschen, trockentupfen. Jedes Filet auf der Hautseite drei- bis viermal schräg einschneiden. Mit Salz und Pfeffer würzen. Eine dünne Scheibe Butter auf das jeweilige breite Ende des Filets legen. Das schmale Filetende über das breite Filetende klappen. Eine Auflaufform mit ca. 80 g Butter, in Stücke geschnitten, ausstreichen. Die Hälfte der gehackten Kräuter auf den Boden der Form streichen und die gefalteten Filets nebeneinander darauf legen. Mit dem Fischfond begießen, bis die Filets knapp bedeckt sind. Sparsam mit Salz und Pfeffer würzen und mit den restlichen Kräutern bestreuen. Das mit Butter bestrichene Pergamentpapier darüber ziehen, so daß alles gut abgedeckt ist.

Die Form bei mittlerer bis starker Hitze auf die Kochstelle stellen. Wenn der Sud zu kochen beginnt, den Fisch von der Kochstelle nehmen und zugedeckt gar ziehen lassen. Filets herausnehmen und gut abgetropft auf einer Platte warm halten.

Für die Fischsauce den Sud in eine Kasserolle absieben und diesen durch Einkochen reduzieren. Von der Kochplatte nehmen, restliche Butter (ca. 90 g) unterschlagen.

Lammrücken

1 500 g Lammrücken
Salz, weißer Pfeffer
3–4 EL Öl
125 g durchwachsener Speck, gewürfelt
1/4 l Fleischbrühe
1 TL Tomatenmark
1 TL getrockneter Thymian
1/8 l saure Sahne
300 g junge Karotten
300 g junge Bohnen
300 g Kohlrabi

Zubereitung

Lammrücken mit Wasser abspülen, trocknen, evtl. dicke Fettschicht ablösen. Mit Salz und Pfeffer würzen. Öl in einem Bräter erhitzen und das Fleisch von allen Seiten anbraten, den in Würfel geschnittenen Speck nach ca. 5 Minuten dazugeben. Mit der Fleischbrühe ablöschen und zugedeckt ca. 60–70 Minuten schmoren. Fleisch aus dem Bräter nehmen und warm halten. Bratenfond durchsieben und mit dem Tomatenmark, dem Thymian sowie etwas Speisestärke binden und aufkochen. Zum Schluß die saure Sahne unterrühren und nicht mehr kochen.

Dazu in Butter gedünstetes, geschwenktes Gemüse.

Früchtecrème

300 g Lychees aus der Dose
1 Päckchen gemahlene farblose Gelatine
80 g Zucker
1/4 l süße Sahne
1 EL Puderzucker
1 EL Haselnüsse
1 EL Saint Lèger des Charentes
1 EL alter Cognac

Zubereitung

Die Früchte in einem Sieb abtropfen lassen, den Saft auffangen und mit Wasser auf knapp 1/2 Liter auffüllen. Die Gelatine mit 1/2 Tasse Fruchtsaft in einem kleinen Topf 10 Minuten quellen lassen. Mit dem restlichen Saft und Zucker so lange unter Rühren erwärmen – nicht kochen –, bis Zucker und Gelatine aufgelöst sind. Das Fruchtgelee abkühlen lassen und etwa 60 Minuten in den Kühlschrank stellen, bis sich ein etwa 5 cm breiter Geleerand gebildet hat. Die Früchte in kleine Stücke schneiden, die Sahne mit Puderzucker steif schlagen. Die kleingeschnittenen Früchte und die Schlagsahne unter das Früchte-Gelatine-Gemisch ziehen.

Die Crème in eine Kristallschüssel oder in vier Cocktailgläser füllen und mit den gehackten Nüssen garnieren.

Und sonst

Gilbert Bécaud und Marlene amüsieren sich beim Essen

*U*nd sonst kochte sie für ihre Freunde das, was sie auch selbst gern aß: Krebse zum Beispiel! Wenn die Dietrich zum Krebsessen einlud, konnte sie sich meist nicht mehr vor Gästen retten. Man mußte dabeisein, selbst wenn man keine Krebse mochte. Wenigstens ihre Spezialsoße probierte man, die sie aus dem Champagnersud zauberte, in dem sie die Krebse kochte.

Je nach Gesellschaft ließ die Dietrich – gleich wo sie war – 300 bis 500 Krebse anliefern, die sie selbst säuberte, bevor sich die grauschwarzen Körper im kochenden Wasser rot färbten. Jeder Gast bekam eine große Serviette umgebunden, und man aß mit den Händen.

Marlene war für alles Gekochte zu haben. Sie mochte keine Steaks, aß selten gebratenes Fleisch, mit Ausnahme von Lammkoteletts. Innereien verschmähte sie, obwohl sie leidenschaftlich gern Leberwurst auf Bauernbrot aß. »Eßt kein Schweinefleisch«, riet sie allen, »das steht schon in der Bibel.« Aber sie liebte »Nürnberger Bratwürste«, die hauptsächlich aus Schweinefleisch hergestellt werden.

Ihre Tochter, »Papi«, ihr Mann, sowie seine Geliebte Tami fühlten sich regelrecht bevormundet von ihrer ständigen Besserwisserei in bezug auf das Essen. So geschah es auch einmal bei einem ihrer berühmten Pot-au-feu, das niemand besser kochen konnte als sie. Immer und immer wieder kritisierte sie Tami, die ihren Geliebten umsorgte. Der Diva gefiel nicht, daß sie ständig ins Restaurant gingen und das ungesunde, fette Essen konsumierten. Sie schlug daher vor, ein Pot-au-feu zuzubereiten, das Tami zwei- bis dreimal aufwärmen könne. Die Dietrich kochte die ganze Nacht. Am nächsten Tag stand sie mit einem riesigen Topf Pot-au-feu vor der Tür. Tami war gekränkt, denn sie glaubte, Marlene spreche ihr die Fähigkeit ab, selbst für Rudolf zu sorgen. Aus Sicht der Köchin sah dies aber anders aus: »Kaum war ich dort, schrie Tami, daß sie nicht alles dabehalten könne und daß sie immer noch Geschirr spülen müsse, selbst wenn sie es nur aufzuwärmen brauche. Also packte ich alles schweigend zusammen, spülte nach dem Essen das Geschirr und ging. Ich war zu traurig, um mich zu verabschieden. Ich bin nie wieder rausgefahren.« (1/708)

Auf Kohlrouladen konnte und wollte Marlene Dietrich ihr ganzes Leben lang nicht verzichten. In nahezu alle Bücher von und über den Weltstar hat sich ein Abschnitt über die Kohlroulade eingeschlichen. Fast könnte man Marlene Dietrich als Botschafterin der deutschen Hausmannskost bezeichnen, die bei ihr zur Delikatesse stilisiert wurde.

In München bot ihr ein Kellner einmal Krebsschwanz-Cocktail als Besonderheit an, worauf die Dietrich antwortete: »Aber ich bitte Sie, das bekomme ich doch überall! Geben Sie mir Sauerbraten, Klöße ... und einen Steinhäger.« (7/116)

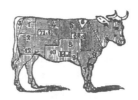

Pot-au-feu (Gekochtes Rindfleisch)

mind. 2 kg Rindfleisch
2 große Zwiebeln
etwas Lauch
2 große Karotten
1 Selleriewurzel
1 Bund Petersilie
Salz und Pfefferkörner
Kartoffeln
Karotten (nicht zerschneiden)
kleine Zwiebeln
Weißkohl
grobes Salz
frisch geschabter Meerrettich
etwas Petersilie zum Bestreuen

Zubereitung

Man muß kein Koch sein, um ein Pot-au-feu richtig zuzubereiten. Wichtig ist, das richtige Fleisch zu kaufen. Am besten eignen sich Beinfleisch, Keule und Rippe. Mageres Fleisch ist nicht dafür geeignet. Ein ideales Gericht für die Familie, denn man kann es zwei Abende nacheinander servieren und es sogar, wenn noch etwas Fleisch übrig sein sollte, für ein drittes Essen verwenden, indem man das Fleisch in Scheiben schneidet und es mit Zwiebelscheiben und Kartoffeln brät.

In einen großen Topf gibt man wenigstens 4 Pfund Fleisch, Zwiebeln, Lauch, Karotten, Selleriewurzel, Salz und Pfefferkörner und ein großes Bund Petersilie, das man nach einer Stunde Kochen wieder herausnimmt. Mit Wasser übergießen, bis das Fleisch bedeckt ist. Aufkochen, dann die Flamme kleiner drehen und langsam zwei bis drei Stunden weiter kochen lassen, bis das Fleisch weich und saftig ist. Während des Kochens von Zeit zu Zeit Schaum abschöpfen.

In andere kleine Töpfe gibt man etwas von der durch ein Sieb gegossenen Brühe und kocht getrennt Kartoffeln, Karotten (nicht zerschneiden), kleine Zwiebeln, Weißkohl. Die Brühe, in der man die Zwiebeln, Karotten und den Weißkohl kocht, kann man mit Wasser verdünnen, da man das Gemüsewasser später nicht verwenden kann. Der Kohl braucht sehr wenig Flüssigkeit, da er beim Kochen Wasser abgibt. Die Brühe, in der man die Kartoffeln gekocht hat, fügt man der Brühe im großen Topf zu. (Ein wenig Fleischbrühe über den Kartoffeln lassen, damit sie heiß bleiben.)

Das Fleisch auf einer großen Platte servieren und mit dem Gemüse garnieren. Über das Ganze reichlich feingehackte Petersilie streuen.

Grobes Salz und frisch geschabten Meerrettich auf den Tisch stellen. Etwas Petersilie in die Tassen geben, bevor man sie mit Fleischbrühe füllt. Vor oder zusammen mit dem Hauptgericht servieren.

Wer französische Kochbücher studiert, wird feststellen, daß Huhn und Rüben zum Pot-au feu gehören. Der Grund, warum ich sie weglasse und das Gemüse einzeln koche: Ich liebe es, wenn die Brühe des Pot-au-feu ihren reinen Fleischgeschmack beibehält.

Krebssuppe
(für 4 Personen)

40 lebende Krebse, Gewicht etwa 80–90 g pro Stück
4 l Wasser
2 EL Salz
2 Lorbeerblätter
1 EL Kümmel
1 Bund Petersilie
2 Bund Dill
1 Zwiebel
2 Bund Suppengrün
1 Flasche Champagner

Zubereitung

Nach der Säuberung der Krebse (am besten werden sie über Nacht in frisches kaltes Wasser gelegt, Behälter gut abdecken!) bereitet man den Sud vor, indem man in einen hohen Topf das Wasser und eine halbe Flasche Champagner gibt und Salz, Lorbeerblätter, Kümmel, Petersilie, Dill und Suppengemüse, die zuvor zerkleinert wurden, hinzufügt. Die Zwiebel wird in Ringe geschnitten und beigefügt, das Wasser wird auf der Höchststufe zum Kochen gebracht.

Dann nach und nach die Krebse mit dem Kopf nach unten in den Topf werfen. 8–10 Minuten sieden lassen, aber nicht mehr als 10 Krebse auf einmal garen. Die gegarten Krebse aus dem Sud nehmen und in einer Terrine warm stellen. Wichtig ist, daß der Kochsud immer stark sprudelt, ehe weitere Krebse hineingeworfen werden. Wenn alle Tiere fertig gekocht sind, die Brühe durch ein Haarsieb gießen, nochmals anreichern mit einer halben Flasche Champagner und in kleinen Schalen zu dem Krebsessen servieren.

Da man die Krebse meistens mit der Hand ißt, darf eine Fingerschale mit lauwarmem Wasser und einer Zitronenscheibe nicht vergessen werden.

Kohlrouladen
(für 4 Personen)

für den Kohl:
1 1/2 l Wasser
1 EL Salz
1 kg Weißkohl

für die Füllung:
1 Brötchen
1/2 Zwiebel
300 g Hackfleisch halb und halb
1 Ei
1/2 TL Salz
2 Msp. Pfeffer
1/2 TL getrockneter Majoran oder Thymian

zum Schmoren und für die Sauce:
2 EL Fett
3/8 l Fleischbrühe
1 EL saure Sahne
1 TL Mehl
2 EL Tomatenmark
1 EL Paprikapulver, edelsüß
je 2 Msp. Salz und Pfeffer

Zubereitung

Das Wasser mit dem Salz zum Kochen bringen, den Kohlstrunk abschneiden und die äußeren Blätter vom Kohl entfernen. Dann den Kohlkopf 10 Minuten kochen, bis sich die Blätter lösen lassen, den Kopf aus dem Wasser nehmen, die großen Blätter ablösen, ohne sie zu beschädigen. Die Blattrippen mit einem Messer abflachen. Die kleinen Kohlblätter mit Kochwasser in etwa 15 Minuten weich kochen, herausnehmen und abtropfen lassen.

Für die Füllung das Brötchen in lauwarmes Wasser einweichen, die Zwiebel schälen und in kleine Würfel schneiden. Den weichgekochten Kohl sehr fein hacken, die Brötchen gut ausdrücken und in eine Schüssel geben. Die Zwiebel, den Kohl, das Hackfleisch und das Ei hinzufügen und gut vermengen. Mit den Gewürzen abschmecken. Etwa 1 EL Fleischteig auf jedes Kohlblatt geben, die Ränder einschlagen, die Blätter aufrollen und die Rouladen mit Küchengarn umwickeln oder mit Holzspießchen feststecken. Das Fett in einer tiefen Pfanne oder in einem flachen Topf erhitzen und die Rouladen anbraten, bis sie rundherum braun sind.

Die Fleischbrühe seitlich dazugießen und die Rouladen bei mittlerer Hitze etwa 30 Minuten schmoren lassen. Dann aus der Sauce nehmen, die Fäden oder Spießchen entfernen und die Rouladen warm stellen.

Die saure Sahne mit dem Mehl verrühren und die Soße damit binden. Bei kleiner Hitze einige Minuten kochen lassen. Das Tomatenmark dazugeben, mit dem Paprikapulver, Salz und Pfeffer abschmecken. Die Rouladen werden dann mit der Sauce serviert. Als Beilage eignen sich Kartoffelpüree oder Pellkartoffeln.

Von einer Deutschen

»Für das Maison d'Allemagne, von einer Deutschen«

*E*inige Zeit versorgte Markus Auer Marlene mit ihren deutschen Lieblingsspeisen. Er lernte sie in ihren Launen kennen, begriff, wann er ihr wortlos das Essen auf einen kleinen Tisch in der Nähe des Bettes stellen sollte, nahm es dankbar an, wenn sie mit ihm sprechen wollte, ertrug ihre Beschimpfungen.

Als er sie diesmal besucht, ist er in großer Eile. Er hetzt mit der Thermobox die Treppen hinauf. Wie immer läutet er dreimal, bevor er die Wohnungstür aufschließt. Markus traut seinen Ohren nicht. Aus ihrem Schlafzimmer hört er sie leise singen! »Sag mir wo die Blumen sind ...«

»Markus, wissen Sie wo die Blumen sind?«

Diese Frage wertet er als Einverständnis, eintreten zu dürfen.

»Jetzt im Herbst, nur im Süden«, gibt er ihr zur Antwort.

»Quatsch! In Deutschland ist jetzt Frühling, dort sind die Blumen, die blühen. In Ihrem, in unserem Deutschland!«

Der Mauerfall zwischen Ost und West machte aus ihr eine andere Dietrich. Ihr ansonsten herber Tonfall ist sanft, lieblich, fast glücklich.

»Jetzt müssen wir vergessen, neu beginnen.«

»Können Sie das, wenn man bedenkt, was wir Deutschen Ihnen angetan haben?«

»Vergessen! Haben Sie mich nicht verstanden, Markus? Sie gehören doch nicht zu den Nazi-Deutschen. Sie sind viel zu jung. Sie haben uns kein Unrecht angetan. Ich vergesse ab jetzt, daß mich viele Deutsche nach dem Krieg haßten, daß sie meine Konzerte nicht hören wollten ... Schluß damit. Dort blühen die Blumen, wo sich Menschen zusammenfinden.«

Ähnlich äußerte sich die Dietrich damals auch gegenüber dem »France Soir«, der nach dem Mauerfall ein Telefoninterview mit ihr führte: Selbstverständlich sei sie glücklich darüber, denn es mache sie alles glücklich, was Menschen zueinanderbringe. (5/239)

»Was gibt es zu essen, Markus?«

»Kaiserschmarrn mit Apfelmus ...«

»Sind Sie verrückt? Das esse ich nicht. Ich möchte etwas Feines, etwas typisch Deutsches. Wissen Sie was, Sie nehmen mich zum Botschaftsempfang als Mäuschen mit!«

In allen Zeitungen stand in diesen Tagen, daß die deutsche Botschaft in Paris ein Freudenfest zum Mauerfall veranstaltete, zu dem das »Maison d'Allemagne« Spezialitäten der neuen und alten Bundesländer präsentierte. Markus Auer war dafür verantwortlich.

»Als Mäuschen sind Sie zu klein, um all die Besonderheiten zu kosten. Ich nehme Sie im Rollstuhl mit.«

»Quatsch mit Käse! Sollen alle sagen, seht her, dieses Wrack war einmal die Dietrich! Ich bin die Dietrich und bleibe die Dietrich!«

»Ich verspreche Ihnen von allen Spezialitäten eine Besonderheit mitzubringen!«

»Das ist ein guter Einfall. Und jetzt raus mit Ihnen, damit ich diesen Kaiserschmarrn essen kann.«

Erlöst springt Markus die Treppen hinunter, rennt am Concièrge vorbei, den das merkwürdige Verhalten des Kochs veranlaßt, den Eiligen zurückzurufen. Glück gehabt. Er kann beweisen, daß die Dietrich noch lebt, daß er sie nicht vergiftete, nicht fotografierte und seine Hetze nur daraus resultiert, daß er schnellstens zur deutschen Botschaft muß.

Tausende sind zum Freudenfest gekommen, die sich wie Ausgehungerte auf die Spezialitätenstände stürzen. In kurzer Zeit sind sie leergeplündert, so daß sich der Chefkoch und seine Brigade gezwungen sehen, Nachschub aus dem »Maison d'Allemagne« zu holen. Die Menschen reißen sich inzwischen nicht nur um das Essen, sondern nehmen auch die Dekorationen mit, bis hin zum Fischernetz und den Plastikhummern, den Bieruntersetzern, den Maßkrügen, den künstlichen Blumen. Aber der Hunger der Gäste kann immer noch nicht gestillt werden. Gegen Morgen sind alle Kühlhäuser des »Maison d'Allemagne« leergeräumt. Das Restaurant muß zwei Tage schließen, da der nächste Lebensmitteltransport aus Deutschland auf sich warten läßt. Markus Auer leidet am meisten darunter. Wo sind die Spezialitäten, die er Marlene Dietrich mitbringen wollte?

»Wären Sie doch als Mäuschen mitgegangen.«

»Quatsch! Zur Strafe besorgen Sie mir jetzt einen Linseneintopf mit Frankfurter Würstchen.«

»Das würde ich gerne tun, liebe Frau Dietrich, aber wir haben augenblicklich weder Linsen noch Frankfurter Würstchen in unseren Lagerräumen.«

»Sehen Sie her, Markus, ich habe hier eine Monatsabrechnung vom ›Maison d'Allemagne‹ über 6000 Francs – so viel kann ich gar nicht gegessen haben –, und dann weigern Sie sich, mir Linseneintopf mit Frankfurter Würstchen zu servieren!«

Markus Auer weiß, daß es in dieser Situation vergeblich ist, mit Marlene zu diskutieren. Er verabschiedet sich: »Ich werde mein Bestes tun.«

»Warten Sie mal. Im Kühlschrank steht noch eine Büchse Frankfurter. Nehmen Sie sie mit, ich weiß doch, wie schwierig es in Paris ist, Frankfurter Würstchen zu bekommen.«

Sie beklagte sich im März 1984 öffentlich in der »Frankfurter Allgemeinen Zeitung« darüber:

»Als Marlene Dietrich vor kurzem einem Journalisten anvertraute, daß die Frankfurter auch nicht mehr das seien, was sie einst waren, sprach sie nicht von den Bürgern der Main-Metropole. Von den Würstchen war die Rede, die früher noch nicht in diese Brottaschen gepackt waren, deren Konsistenz mehr an Baumwolle und Pappdeckel erinnert als an Brötchenteig. Mehr als einmal habe sie sich früher den Knackschmaus, veredelt durch ein Glas Champagner, mit Freunden geteilt, mit Ernest Hemingway oder Mike Todd zum Beispiel. Nun aber hat sie dem Lieblingsgericht von damals endgültig den Rücken gekehrt. Denn in ganz Frankreich, so klagte die Wahlpariserin, seien keine vernünftigen Hot dogs mehr zu bekommen. Dem Champagner dagegen werde sie wohl treu bleiben.«

Ein cleverer Fleischfabrikant aus dem Hessischen sah darin eine einmalige Werbemöglichkeit. Er schrieb der »gnädigen Frau« nachfolgenden Brief und schickte ihr ab Juni 1984 ständig Päckchen mit Frischpackungen seiner »Frankfurter Würstchen«.

25. Juni 1984
»*Sehr verehrte gnädige Frau,*
aus der Frankfurter Allgemeinen Zeitung vom März 1984 haben wir mit Betrübnis zur Kenntnis genommen, daß Sie in ganz Paris keine Original Frankfurter Würstchen bekommen können und die dort angebotenen Würstchen nicht Ihr Geschmack sind.

Auf keinen Fall möchten wir aber, daß Sie heute in Paris auf Ihren früheren ›Knackschmaus‹, veredelt durch ein Glas Champagner, gemeinsam mit Ihren Freunden verzichten müssen.

Wir würden uns freuen, wenn Sie zu Ihrem kleinen Champagner-Frühstück zurückfänden, und erlauben uns, Ihnen mit separater Post zwei Päckchen zukommen zu lassen. Einmal mit 5 Frischpackungen Original Frankfurter Würstchen, die im Kühlschrank 4–6 Wochen haltbar sind, und einmal 2 Glas Konserven mit langer Haltbarkeit. Bitte entschuldigen Sie die kleinen Päckchen, aber größere Sendungen haben Zollprobleme.

Sollten Ihnen unsere Original Frankfurter Würstchen zusagen, so geben Sie uns nur eine kurze Nachricht, und gern würden wir Ihnen jeden Monat ein Päckchen Original Frankfurter Würstchen aus unserem Hause zuschicken.

Wir wünschen Ihnen einen guten Appetit und freuen uns sehr, von Ihnen zu hören.«

Marlenes Dank war ihm gewiß:

19. Juli 1984
»*... mit vielem Dank für Ihre Sendung.*
Bitte senden Sie nochmals in Paketen, denn alle meine Freunde danken Ihnen auch. Aber dieses Mal, bitte mit Rechnung ...«

31. Juli 1984
»*... Alles angekommen. Tausend Dank! Aber wo ist die Rechnung?? Sonst kann ich doch nicht mehr darum bitten ...*«

23. November 1984
»*Tausend Dank von einer hungrichen Marlene Dietrich ...*«

So wurde Marlene Dietrich jahrelang mit Frankfurter Würstchen versorgt und der Hersteller mit Danksagungen.

Markus Auer bringt ihr den gewünschten Linseneintopf mit Würstchen. »Na sehen sie, Markus, was wir Deutschen doch fertigbringen, wenn wir wollen.«
    Seit wann bezeichnet sie sich wieder als Deutsche, fragte er sich. Als hätte sie seine Gedanken gelesen, fuhr sie fort: »Seitdem sie die Mauer niedergerissen haben, bin ich wieder stolz auf die Deutschen und stolz, daß ich dazugehöre!«
    In das bei ihr schon lange auf einen Eintrag wartende Gästebuch des »Maison d'Allemagne« schreibt sie an diesem Tag: »Für das Maison d'Allemagne, von einer Deutschen.«

Linseneintopf mit Frankfurter Würstchen

(für 4 Personen)

500 g braune Linsen
500 g gewürfelte Kartoffeln
2 l Wasser
1 EL Butter
2 Lorbeerblätter
2 Schalotten
1 Bund Suppengrün
100 g durchwachsener Speck
1 Msp. Salz, Pfeffer, Muskat, Zucker
2 EL süße Sahne zum Verfeinern
6 Frankfurter Würstchen

Zubereitung

Nach dem Waschen die 500 g getrocknete Linsen in abgekochtem Wasser ca. 8 Stunden einweichen. Die Butter im mittelgroßen Topf flüssig werden lassen. Feingewürfelte Zwiebeln und den Speck dazugeben, glasig andünsten, mit dem Einweichwasser ablöschen, dann die Linsen dazugeben. Lorbeerblatt und Suppengrün hinzufügen und alles bei mittlerer Hitze ca. 30 Minuten köcheln lassen. Die Kartoffeln hinzugeben und weitere 15 Minuten bei schwacher Hitze kochen.

Mit den Gewürzen abschmecken. Zur Verfeinerung süße Sahne beimengen. Anschließend die Würste auf die Linsen legen und durchziehen lassen.

Originalrezept von Markus Auer, »Badische Weinstube«

Grab bei einem Fünfsterne-Restaurant

Improvisierter Grabstein von Marlene Dietrich auf dem Friedenauer
Friedhof in Berlin-Schöneberg, 1992

*F*rühling in Paris. Es soll kaum etwas Schöneres geben. Und doch bleiben die Fenster im 3. Stock der Avenue Montaigne 12 verschlossen. Die große Marlene Dietrich probt wieder einmal das von ihr selbst inszenierte Schauspiel »Einsamkeit«.

Würde sie die Fenster zur Straßenseite öffnen, so sähe sie auf den Plakatsäulen ihr Portrait aus dem Film »Shanghai Express« von 1932, das nicht nur in Paris, sondern in allen großen Städten Frankreichs die Filmfestspiele in Cannes ankündigt, die 1992 zu Ehren der neunzigjährigen Diva ihren Namen tragen.

Wenige Tage später werden die Poster allerdings mit einem Trauerflor versehen sein, denn die Dietrich absolvierte gerade den letzten Akt ihres persönlichen Dramas. Von dem Tag an, an dem sie sich in ihrem Pariser Apartment einschloß, arbeitete sie an dieser verhaßten Rolle.

Viele ihrer ehemaligen Freunde hatten ihr Sterben und Tod bereits vorgespielt. »Wir verlieren und verlieren. Das ist unser Schicksal. Soviel wir auch weinen mögen, wir müssen verlieren. Wir müssen trauern. Es ist kein sanftes Ruhekissen, auf dem wir schlafen.« (2/296)

Schon früher mußte Marlene von ihrem Lieblingskoch Markus Auer Abschied nehmen. Als im August 1991 in der Pariser Presse zu lesen war, daß das »Maison d'Allemagne« seine Pforten schließt, konnte es Marlene Dietrich kaum fassen.

Markus, ebenso betroffen wie sie, brachte ihr ein Abschiedsmenue:

Pastete vom Räucheraal mit Krabben und Teltower Rübchen-Salat
Klare Linsensuppe mit Sauerkrautquarkknödeln
Kleines Frikassee vom Havelzander an Riesling-Sabayon
Kalbsleber »Berliner Art«
Rote Grütze von Waldbeeren mit Vanillesauce und Heidelbeereis

Wie ein Häufchen Elend kauert die zur Legende gewordene Frau im Bett.

»Was soll nun werden, Markus?«
»Ich weiß es nicht.«
»Ich weiß es nicht – ich weiß es nicht. Ist das alles, was Sie mir zu sagen haben?«
»Es tut mir wirklich leid. Ich kann es nicht verstehen, das Restaurant ist im Aufwind. Es wird Gewinn erwirtschaftet.«
»Auf dem Höhepunkt soll man aufgeben.«
»Wie Sie?«
»Ich habe zu lange gewartet.«
Ihre Sprache war anders als sonst. Unklar. Sie hatte getrunken.
»Was schauen Sie mich so an? Ja, ich habe getrunken. Aber es sind die Schlaftabletten, die aus meiner Zunge einen Waschlappen machen. Gehen Sie lieber, bevor ich noch Unsinn rede.«
Jeder der beiden starrt in eine andere Ecke. Jeder möchte noch etwas sagen, hat jedoch Angst, zuviel Herz zu zeigen.
»Was werden Sie jetzt machen?«
»Ich gehe nach Deutschland zurück.«
»Kennen Sie Berlin?«
»Nein.«
»Da müssen Sie unbedingt hin. Die Bayern sind in Preußen besser angesehen, als die Preußen in Bayern. Kennen Sie Zille?«
»Ja.«
»Von dem möchte ich Ihnen ein schönes Bild zur Erinnerung geben. Passen Sie gut darauf auf. Draußen im Flur steht es. In Zeitungspapier eingepackt. Ich habe leider kein Geschenkpapier. Ich konnte in letzter Zeit niemandem etwas schenken.«
Markus setzt zu sprechen an. Langsam hebt sie ihre Arme, hält sich beide Ohren zu.
»Gehen Sie, Markus, gehen Sie ohne ein Wort. Ich bitte Sie ...«
Er wagt es nicht sich umzudrehen. Rückwärts geht er zur Tür, um jede Sekunde auszukosten.
Beinahe vergißt er den Zille im Flur.
Mit rotunterlaufenen Augen verläßt er das Haus. Auf dem Heimweg setzt er sich auf eine Mauer, um das Bild anzusehen. Das Motiv zeigt den Eingang zu einem Berliner Restaurant mit seinem Wirt.

Zille schrieb auf den Bildrand: »Meine Wurst is jut – wo keen Fleesch is – da is Blut – wo keen Blut ist, da sind Schrippen – An meine Wurst is nich zu tippen!«

Knapp zehn Monate später starb Marlene Dietrich.
»Ich finde mich ab mit dem Wissen, daß es den Tod geben muß, um Raum für die Neuankömmlinge zu schaffen, und daß der Tod das absolute Ende ist, der Schlußvorhang.« (2/313)
Wo aber sollte die Dernierenfeier – ihre Beerdigung – stattfinden? Als sie in den letzten Monaten von ihrer Tochter besucht wurde, erzählte Marlene ihr einen Traum: »Einmal habe ich einen wunderschönen kleinen Friedhof gesehen, mitten in einem französischen Dorf, mit Mohnfeldern und Kühen und grünen Bänken, vor weißgetünchten Bauernhäusern – wunderschön wie ein Monet. Sie hatten sogar eine sehr gute Auberge dort, wo man ein Pot-au-feu- bekam, das so gut war wie mein eigenes. Dort hättest du immer essen können, wenn du mein Grab besucht hättest. Aber sie sagten, sie hätten keinen Platz, und außerdem sei ich keine Französin. Die Bürgermeisterin meinte, wenn ich ein Stück Land im Dorf kaufen würde, könnte ich auch auf dem Friedhof begraben werden. Aber wie immer hatte ich kein Geld. So müssen wir eben ein anderes hübsches Dorf mit einem Fünfsterne-Restaurant finden, wo ich beerdigt werden kann.« (1/860)
Am 6. Mai 1992 verabschiedete sich die Dietrich wortlos von ihrem Publikum. Der Schlußvorhang fiel. Maria Riva suchte ein anderes hübsches Dorf: Berlin. Es hat sogar mehrere ausgezeichnete Restaurants. Auf dem kleinen Friedenauer Friedhof in Schöneberg wird sie am 16. Mai 1992 unweit der Ruhestätte ihrer Mutter beigesetzt. Der improvisierte Grabstein trägt zunächst die Aufschrift: »Marlene Dietrich ... wann wird man je verstehn«, und auf der Tafel der dort beerdigten prominenten Toten wird unter Position 11 handschriftlich vermerkt: »Marlene Dietrich – Die schönste Frau der Welt, Abt. 34,2, beim Engel.«
Später meißelte man in einen Grabstein aus Marmor die Worte:
»Hier steh' ich an den Marken meiner Tage
– Marlene – 1901–1992«

Abschiedsmenue

Pastete vom Räucheraal mit Krabben und Teltower-Rübchen-Salat
Klare Linsensuppe mit Sauerkrautquarkknödeln
Frikassee vom Havelzander an Riesling-Sabayon
Kalbsleber »Berliner Art«
Rote Grütze von Waldbeeren mit Vanillesauce und Heidelbeereis

*Friedhofstafel mit handgeschriebenem Hinweis
auf Marlenes Grab, 1992*

Pastete vom Räucheraal mit Krabben und Teltower-Rübchen-Salat

600 g Filet vom Räucheraal, entgrätet
400 g geschlagene Sahne
8 Blatt Gelatine
120 g Krevetten (oder gepulte Büsumer Krabben)
Salz, Pfeffer, Zitronensaft

Zubereitung

Filet vom Aal in eine Moulinette (Minicutter) geben, Gewürze dazu und abschmecken, ganz fein zerkleinern, auf die Temperatur achten (alles muß kalt sein), gegebenenfalls einen Eiswürfel beim Zerkleinern hinzugeben.

Anschließend die Masse durch ein feines Sieb drücken, die in einem Topf mit etwas Zitronensaft ausgelassene Gelatine schmelzen und in die Fischmasse einrühren. Die kalt aufgeschlagene Sahne dazugeben und zügig unterheben. Eine Terrinenform mit Plastikfolie auslegen, die Hälfte der Fischmasse einfüllen, die abgetropften Krabben einlegen und mit dem Rest der Masse auffüllen. Etwa 2 Stunden im Kühlschrank kalt stellen.

Teltower-Rübchen-Salat:
250 g Teltower Rübchen (oder Navetten) schälen und in feine Streifen schneiden oder auf dem Küchenhobel fein raspeln. Anschließend leicht salzen, das entstandene Wasser nach kurzer Wartezeit abschütten, würzen mit Schnittlauch, feingehackten Zwiebeln, Zitronensaft, Weinessig und Nußöl.

Klare Linsensuppe
mit Sauerkrautquarkknödeln

1 l geklärte Kraftbrühe
100 g bunte Linsen
50 g Bauchspeck, in feine Würfel geschnitten
50 g Zwiebeln, in feine Würfel geschnitten
50 g Karotten, 50 g Sellerie, 50 g Lauch,
jeweils in kleine Würfel geschnitten
150 g Eisbein
50 g Sauerkraut
250 g Quark (0 % Fett)
100 g Semmelbrösel
1 Ei
Salz, Pfeffer, Muskatnuß

Zubereitung

Die Gemüsebrunoise und die 2 Stunden zuvor eingeweichten und in Salzwasser blanchierten Linsen in einen Topf geben und zusammen mit dem Speck und den Zwiebeln glasig andünsten. Höchstens 20 g Butter verwenden. Mit der Kalbskraftbrühe ablöschen – bei mittlerer Hitze ca. $1/2$ Stunde gar kochen. Mit Wasser den Flüssigkeitsverlust ausgleichen und abschmecken. Zum Schluß das vorgegarte Eisbein in Würfel geschnitten dazugeben.

Den Quark auf ein Sieb geben, so daß das Molkewasser abtropfen kann. Anschließend in eine Schüssel geben, Semmelbrösel, Ei und Gewürze sowie das Sauerkraut dazugeben und glattrühren. In siedendem Wasser Knödel aus der Masse abstechen und langsam bei mittlerer Hitze gar kochen.

Frikassee vom Havelzander an Riesling-Sabayon

400 g Zanderfilet, entgrätet und gehäutet
50 g Butter
2 EL Öl zum Anbraten
1/4 l trockener Riesling
2 Eier
1 TL Zucker
Salz, Pfeffer, Zitronensaft

Zubereitung

Den Zander in 4 gleich große Stücke schneiden und in der Butter anbraten. Die Eiweisse vom Eigelb trennen. Die Eigelbe in einen Aufschlagkessel geben, die Gewürze und den Zucker sowie den Weißwein über einem Warmwasserbad zur Sabayon aufschlagen, anschließend die Filets anrichten und den Sabayon darüber geben.

Kalbsleber »Berliner Art«

750 g Kalbsleber
2 Äpfel
2 große Gemüsezwiebeln
1/2 l Bratensauce
Mehl, Salz, Pfeffer
4 EL Öl zum Braten

Zubereitung

Die Leber in 4 gleich große Scheiben schneiden und vorsichtig im Mehl wenden, in die vorgeheizte Bratpfanne geben und bei mittlerer Hitze goldbraun garen.
Anschließend die Leber herausnehmen und auf einem Teller im Bratenrohr bei schwacher Hitze warm stellen. Die geschälten, in Scheiben geschnittenen Äpfel und in Ringe geschnittenen Zwiebeln im Bratensaft gar braten, mit Sauce ablöschen, abschmecken, anrichten. Als Beilage empfiehlt sich ein Kartoffelpüree!

Rote Grütze von Waldbeeren mit Vanillesauce und Heidelbeereis

Rote Grütze von Waldbeeren:
herstellen mit 50 g Erdbeeren, 50 g Stachelbeeren, 50 g Heidelbeeren, 50 g Himbeeren, 50 g Johannisbeeren, 50 g Walderdbeeren.

Mit 1/4 Liter Granatapfelsirup, 1/4 Liter Wasser und 1/4 Liter Sauerkirschsaft und ca. 120 g Zucker einen Sud kochen. Früchte hinzugeben. Mit Tapioka oder Kartoffelstärke (am besten Sago) abbinden und nach Wunsch etwas Obstler dazugeben.

Vanillesauce:
1/4 Liter Milch, 1/4 Liter flüssige Sahne, eine Vanilleschote und 120 g Zucker aufkochen und anschließend ohne Hitze 4 Eigelb hinzugeben und so lange aufschlagen, bis eine Bindung entsteht – falls notwendig, ab und zu etwas Hitze zugeben.

Heidelbeereis:
4 Eigelb, 250 g Zucker und 1/4 Liter Milch im Wasserbad warm aufschlagen. Mark oder Püree von 250 g Heidelbeeren herstellen und anschließend in die heiße, aufgeschlagene Masse einrühren und in der Eismaschine frieren.

Originalrezepte von Markus Auer, »Badische Weinstube«

Lebensdaten

27. Dezember 1901	Geburt von Maria Magdalena Dietrich in Berlin-Schöneberg Eltern: Louis Erich Otto Dietrich und Elisabeth Josephine, geb. Felsing
1907–1919	Schulbesuch in Berlin und Dessau
1922	Erste Rollen an Berliner Theatern, u.a. in Max Reinhardts Inszenierung von »Der Widerspenstigen Zähmung«; erste kleine Auftritte in Spielfilmen
17. Mai 1923	Eheschließung mit Rudolf Sieber (1897–1976)
13. Dezember 1924	Geburt der Tochter Maria Elizabeth Sieber
1929	Erste Hauptrolle im Film »Die Frau, nach der man sich sehnt«
Oktober 1929	Probeaufnahmen und Vertrag zum Film »Der blaue Engel«
April 1930	Uraufführung des »Blauen Engel« im Gloria Palast, Berlin
April 1930	Erste Überfahrt nach Amerika
November 1930	Premiere ihres ersten amerikanischen Films »Morocco«
1935	Nach sieben gemeinsamen Filmen Trennung von ihrem Regisseur Josef von Sternberg

Juni 1939	Annahme der amerikanischen Staatsbürgerschaft
1944/45	Betreuung der amerikanischen Truppen in Europa
1950	Der französische Staat verleiht ihr den Titel »Ritter der Ehrenlegion«; später wird sie durch Staatspräsident Pompidou zum »Offizier« und durch Staatspräsident Mitterrand zum »Kommandeur« ernannt.
1953/54	Auftritte als Showstar im Hotel Sahara in Las Vegas und im Café de Paris in London
1960	Gastspielreise durch Europa. Im Mai erster Auftritt vor deutschem Publikum nach dem Krieg in Berlin
1963	Buchveröffentlichung »ABC meines Lebens«
1975	Letzte Gastspielreise, Rückzug in die Pariser Wohnung
1978	Letzter Filmauftritt in »Schöner Gigolo, armer Gigolo«
1979	Autobiographie »Nehmt nur mein Leben …«
1984	Dokumentarfilm »Marlene« von Maximilian Schell
6. Mai 1992	Marlene stirbt in Paris und wird am 16. Mai 1992 in Berlin beigesetzt
24. Oktober 1993	Übergabe des Nachlasses durch Maria Riva an das Land Berlin und die Stiftung Deutsche Kinemathek

Dank für die freundliche Unterstützung und Mitarbeit

Silke Ronneburg und Barbara Schröter von der Marlene Dietrich Collection, Berlin
Peter Riva, New York
Rechtsanwalt Frieder Roth, München
Ulrich Metzner, Chefredakteur des Journals für Genießer »Savoir Vivre«
Peter Gärtner, »Sanssouci-Film«, Kleinmachnow
Hans-Jürgen Capell, Public Relations, Hapag Lloyd AG
Marvin J. Taylor, New York University
M. Kempter, Fa. Färber, Emmendingen

Rechtenachweis

1 Maria Riva, »Meine Mutter Marlene«, Goldmann 1992
2 Constantin Petru, »Marlene Dietrich Realität«, Betul Verlag 1993
3 Marlene Dietrich, »Nehmt nur mein Leben ...«, Bertelsmann Verlag 1979
4 Hildegard Knef, »Der geschenkte Gaul«, Fritz Moldau Verlag 1970
5 Helga Bemmann, »Im Frack zum Ruhm«, Gustav Kiepenheuer Verlag 2000
6 Stevens Bach, »Die Wahrheit über mich gehört mir«, List 2000
7 »apropos Marlene Dietrich«, Verlag Neue Kritik 2000
8 Marlene Dietrich, »ABC meines Lebens«, Lothar Blauvalet Verlag 1963

BILDNACHWEIS

S. 6: Joachim Heer; S. 9: Archiv Renate Seydel; S. 17, 33, 127: Helga Bemmann: *Marlene Dietrich. Im Frack zum Ruhm. Ein Porträt,* Gustav Kiepenheuer Verlag, Berlin/Leipzig 2000; S. 41: Ullstein Bilderdienst; S. 51: Filmmuseum Berlin – Deutsche Kinemathek; S. 22, 57, 69, 91, 95, 115: Filmmuseum Berlin – Deutsche Kinemathek/Marlene Dietrich Collection Berlin; S. 75: Alexander Libermann: *Marlene*, Random House 1992; S. 109: Stone/ Hulton Getty.

Verlag und Autor danken allen Archiven und privaten Leihgebern, die freundlicherweise Materialien zur Verfügung stellten. In einigen Fällen konnten nicht alle Rechte-Inhaber ermittelt werden. Berechtigte für Honoraransprüche wenden sich bitte an den Verlag Rütten & Loening.

DER AUTOR

Georg A. Weth arbeitet als Publizist für internationale Magazine und Zeitungen und ist Autor von diversen Sachbüchern, Märchensammlungen und Biographien. Unter seinen kulinarischen Veröffentlichungen finden sich Titel wie »Casanovas Lustmahle«, »Salvador Dali. Katalanische Küchenträume« und »Schlemmereien im Walzertakt. Das Johann-Strauß-Kochbuch für Gourmets und Weinkenner«. Georg A. Weth kocht selbst leidenschaftlich gern und lebt am Kaiserstuhl.

Die Köche und ihre Häuser

Frank Lohmann

Frank Lohmann zählt zu den bekannten und kreativen Küchenmeistern in Deutschland. Er absolvierte seine Kochlehre im »Romantik Hotel Höttche« in Dormagen von 1984 bis 1987. Im Anschluß folgten Stationen im Münsteraner »Waldhotel Krautkrämer« als Gardemanger, im Münchner Hotel »Königshof« als Saucier und im Düsseldorfer »Victorian« als Entremetier. Von 1990 bis 1992 absolvierte er die Ausbildung als Betriebswirt für das Hotel- und Gaststättengewerbe in Dortmund. 1994 folgte die Küchenmeisterprüfung in Düsseldorf.

Das »Romantik Hotel Gravenberg«, das Lohmann in der neunten Generation leitet, erlangte in den letzten Jahren einen bedeutenden Namen in der Bundesrepublik. Es entwickelte sich vom landwirtschaftlichen Betrieb mit Pferdestation, Kolonialwarengeschäft, Bäkkerei und Kohlenhandel zu einem beispielhaften Romantik Hotel. Das 80-Betten-Haus erlangte die Auszeichnung mit vier Sternen durch den Hotel- und Gaststättenverband

»Romantik Hotel Gravenberg«
Elberfelder Str. 45, D–40764 Langenfeld-Solingen
Tel.: 0 21 73 / 92 200; Fax: 0 21 73 / 22 777

HERBERT WIESER

Herbert Wieser ist ein erfahrener Küchenchef. Er war im »Grand-Hotel Park«, Gstaad/Schweiz tätig, im Gourmet Restaurant »A la Carte« in Klagenfurt (18 Punkte im Gault Millaut), dann im berühmten Restaurant »Imperial« des Schloßhotels Bühler Höhe und schließlich im legendären »Tantris« in München. Eine seiner letzten Stationen war der geschichtsträchtige »Deidesheimer Hof«, wo sich im Gourmet Restaurant »Schwarzer Hahn« Politiker aus der ganzen Welt kulinarisch verwöhnen ließen.

Das Restaurant »Alte Sonne« in Ludwigsburg, das unter der Leitung von Familie Torsten Lacher weit über die Grenzen Deutschlands hinaus als Feinschmecker-Tempel gefeiert wird, wurde schon 1724 erwähnt und zählt zu den ältesten Gasthöfen dieser Stadt. In den renommierten Fachjournalen wird die »Alte Sonne« als Vorbildgastronomie in puncto Komfort, Service, Weinkultur und Küche bezeichnet.

Restaurant »Alte Sonne«
Bei der katholischen Kirche 3, D–71634 Ludwigsburg
Tel.: 0 71 41 / 92 52 31; Fax: 0 71 41 / 90 26 35

STEFFEN RÖDEL

Der Küchenmeister Steffen Rödel kommt aus den neuen Bundesländern, wo er seine Ausbildung und seine ersten Erfahrungen machte. Dem »Ratskeller« in Plauen verhalf er zu seinem guten Ruf, bevor er als Küchenchef im Kurhaus der Stadt Füssen Furore machte. Zuletzt war Steffen Rödel der Chefkoch im Kurhaus zu Bad Wildungen.

Das Hotel »Palatin« in Wiesloch gab sich das Motto »Außergewöhnlich tagen und wohnen« und hat damit hervorragende Erfolge erzielt. Durch das persönliche Engagement von Wilhelm Gschoßmann wurde das Hotel zu einer der ersten Adressen in Süddeutschland. Tagungsräume jeder Größenordnung, ausgestattet mit dem modernsten Komfort, stehen zur Verfügung, und die Gäste werden mit dem Besten aus Küche und Keller verwöhnt.

Hotel »Palatin«
Ringstraße 17–19, D–69168 Wiesloch
Tel.: 0 62 22 / 5 82 01; Fax: 0 62 22 / 58 25 55

Frank Nagel und Andreas Klatt

Der gebürtige Wolfenbütteler Frank Nagel (links im Bild) war nach Beendigung seiner Ausbildung in verschiedenen Häusern der Steigenberger Hotelgruppe tätig und machte Auslandserfahrungen im »Hilton« in Rom und im Restaurant »Tristan«, Palma de Mallorca. Ein Höhepunkt seiner Karriere war das Restaurant »Funk« in Nürnberg, wo er zusammen mit H. P. Fischer seinen ersten Michelin-Stern erkochte. Der Erfolg des Restaurants »Villa Real« im Hotel Remarque bedeutet einen weiteren Sprung in der Karriere des 35-jährigen. Als Gastronomiedirektor wird er in der Küche unterstützt von Andreas Klatt, der vormals im Restaurant und Landhotel »Zum Bären« tätig war.

Das »Arkona Hotel Remarque« in der Innenstadt von Osnabrück ist mit vier Sternen ausgezeichnet. Das vielfältige gastronomische Angebot ist bestechend: Im Restaurant »Villa Real« werden mediterrane Spezialitäten serviert, in der Brasserie »Angers« genießt man regionale und saisonale Speisen aus der offenen Show-Küche, und in der Haarlem Bar geben vielfältige Cocktails den Ton an.

»Arkona Hotel Remarque«
Natruper-Tor-Wall 1, D–49076 Osnabrück
Tel.: 05 41 / 60 96 0; Fax: 05 41 / 60 96 600

Markus Auer

Der exzellente Küchenmeister hat eine grandiose Laufbahn hinter sich. In München arbeitete er bei Eckart Witzigmann, in Mailand bei Gualtiero Marchesi, in New York beim »Food Emporium«. Schließlich wurde er als »Gérant et Directeur de la Restauration« für das legendäre »Maison d'Allemagne« in Paris berufen. In dieser Kultstätte deutscher Gastronomie bekochte er unter anderem Sophia Loren, Carlo Ponti, Roman Polanski, Jean Marais, Nastassia Kinski, François Mitterrand, Steffi Graf oder die Fürstenfamilie von Monaco. Wen wundert es, daß ihn Marlene Dietrich, die fast um die Ecke des »Maison d'Allemagne« in Paris wohnte, zu ihrem Leibkoch machte.

Markus Auer kommt aus dem Allgäu und nennt seit einigen Jahren die »Badische Weinstube« in Bad Grönenbach sein Eigentum. Dort kocht der Chef persönlich und zeigt alle Facetten seiner großartigen Kunst. Er kocht nur mit tagesfrischen Produkten, die er von den Bauern seiner Allgäu-Region bezieht. In den gemütlichen Restauranträumen lernt man zu schlemmen und zu genießen. Unter den 180 000 Restaurants in Deutschland rangiert seine »Badische Weinstube« an neununddreißigster Stelle der Rangliste.

»Badische Weinstube«
Marktplatz 8, D – 87730 Bad Grönenbach
Tel.: 0 83 34 / 50 5; Fax: 0 83 34 / 63 90

Rezeptregister

Aal an Grüner-Pfeffer-Sabayon und Schrippe vom Zander 25
Artischockenböden, mit Erbsencrème gefüllt, blanchierte belgische Endivien, gebündelt mit geflochtenem Schnittlauch, und glasierten Perlzwiebeln 64

Bayerische Crème 106
Beef Stroganoff mit breiten Butternudeln 74
Berliner Erbsensuppe und Eisbein 88
Berliner Pfannkuchen auf Heidelbeerkompott und Zitronenquarkeis 30
Bouillon 118
Bretonische Pfannkuchen 119
Buletten mit Salzkartoffeln und Gelbe-Rüben-Gemüse 38

Cassoulet von Taube mit Trüffeln 99
Couscous 117
Crèmesuppe von Blumenkohl 102
Crêpes bretonnes 119

Dänische Schinkenröllchen in Samsoe-Käse-Sauce 120

Eisbein mit Potsdamer Kartoffelsalat und Blutwurst 24
Entenbrust an Sauce von Schwarzkirschen mit Topinambur 66
Entenfrikassee und Weichseln mit Kartoffelpuffer 26
Erbsensorbet mit gebratener Kalbsleber und Äpfeln 26
Erbsensuppe nach Berliner Art und Eisbein 88

Fenchel-Kresse-Salat 97
Fischrouladen aus Seehecht 104
Fleischbrühe 81
Frikassee vom Havelzander an Riesling-Sabayon 151
Frikassee von der Ente und Weichseln mit Kartoffelpuffer 26
Früchtecrème 126

Gänsebraten (gefüllt) 56
Gelbe-Rüben-Gemüse 38
Gugelhupf 16

Heidelbeereis 153

Jakobsmuscheln (geräuchert) 96

Kalbshaxe (gebraten) 105
Kalbsleber »Berliner Art« 152
Kartoffelsalat nach Potsdamer Art mit Blutwurst und Eisbein 24
Kohlrouladen 133
Kraftbrühe vom Huhn 82
Kraftbrühe von der Waldschnepfe mit Markklößchen 122
Krebssuppe 132

Lammrücken 125
Langustenparfait auf Biskuits mit feinen Knoblauchwürstchen 63
Linseneintopf mit Frankfurter Würstchen 141
Linsensuppe (klar) mit Sauerkrautquarkknödeln 150
Loup de mer, in Pergament gegart, auf Fenchel-Kresse-Salat 97

Makkaroni in Rahm 48
Mandeleis 100

Palatschinken mit in Grand Marnier getränkten Erdbeeren 75
Pastete vom Räucheraal mit Krabben und Teltower-Rübchen-Salat 149

Pastinakenauflauf 27
Pfannkuchen nach Berliner Art auf Heidelbeerkompott und Zitronenquarkeis 30
Pfannkuchen nach Bretonischer Art 119
Pfannkuchen nach Deutscher Art 48
Pot-au-feu 130
Praliné-Rahmeis 49
Puddingcrème mit Kaffeelikör 90

Radieschensalat mit Kräutern 103
Räucheraalpastete mit Krabben und Teltower-Rübchen-Salat 149
Rehbock nach Spreewälder Art auf Blaukraut und Sauerkrautkompott mit Pastinakenauflauf und Karottenpreiselbeerpüree 27
Rindfleisch (gekocht) 130
Rote Grütze von Waldbeeren mit Vanillesauce und Heidelbeereis 153
Rübchensalat nach Teltower Art 149
Rühreier à la Marlene 15

Saubohnen und geräucherte Jakobsmuscheln 96
Sauerkrautkompott 27
Schellfisch (heißgeräuchert) mit weißer Kümmelsauce 89

Schinkenröllchen nach
 Dänischer Art in Samsoe-
 Käse-Sauce 120
Schokoladen-Mascarpone-
 Törtchen mit Mandeleis
 100
Schweinsohrensuppe mit
 Landbrot und Parmesan-
 käse 62
Seezungenfilet »Tour
 d'Argent« 124
Steinbutt (gekocht) 47
Suppe aus weißen und roten
 Perlzwiebeln, Saubohnen
 und geräucherten Jakobs-
 muscheln 96

Teltower-Rübchen-Salat 149
Tomatenessenz (weiß) mit feingeschnittenen Lauchzwiebeln
 und Brotcroûtons 73

Vanillesauce 153

Weichseln mit Kartoffelpuffer
 und Frikassee von der Ente 26

Zanderfrikassee an Riesling-
 Sabayon 151
Zanderschrippe und Aal an
 Grüner Pfeffer-Sabayon 25
Zitronenquarkeis 30
Zitronensoufflé-Törtchen 67
Zwiebel-Rahmsuppe 47

Mit 32 Abbildungen

ISBN 3-352-00693-8

1. Auflage 2001
© Rütten & Loening Berlin GmbH 2001
Einbandgestaltung Henkel/Lemme
unter Verwendung eines Fotos von Hulton Getty Print, stone
Typografie Johanna Rennert-Mönch
Druck und Binden Clausen & Bosse, Leck
Printed in Germany

www.ruetten-und-loening.de

Literarische Spaziergänge mit Büchern und Autoren

Das Kundenmagazin der Aufbau-Verlage.
Kostenlos in Ihrer Buchhandlung

Aufbau-Verlag Rütten & Loening Aufbau Taschenbuch Verlag Gustav Kiepenheuer Der >Audio< Verlag

Oder direkt: Aufbau-Verlag, Postfach 193, 10105 Berlin
e-Mail: marketing@aufbau-verlag.de
www.aufbau-taschenbuch.de

Für *glückliche* Ohren

ÜBER 6 MONATE PLATZ 1 DER HÖRBUCH-BESTSELLER-LISTE

Ob groß oder klein: Der Audio Verlag macht alle Ohren froh. Mit Stimmen, Themen und Autoren, die begeistern; mit Lesungen und Hörspielen, Features und Tondokumenten zum Genießen und Entdecken.

DER >AUDIO< VERLAG

Mehr hören. Mehr erleben.

Infos, Hörproben und Katalog: www.der-audio-verlag.de
Kostenloser Kundenprospekt: PF 193, 10105 Berlin

Helga Bemmann
Marlene Dietrich
Im Frack zum Ruhm. Ein Porträt

*Mit 169 Abbildungen
256 Seiten. Gebunden
ISBN 3-378-01044-4*

Wie nur wenige andere hat Marlene Dietrich das Gesicht des 20. Jahrhunderts mitgeprägt: als Lola in Sternbergs »Blauem Engel«, als Frenchy in »Der große Bluff« und als »Zeugin der Anklage«. Als die Filmangebote weniger wurden, startete sie eine zweite Karriere – als Diseuse. Bis heute unvergessen ist die Dietrichsche Art, mit der sie ihre Lieder und Chansons zelebrierte.

Einfühlsam folgt Helga Bemmann dem Lebensweg der großen Schauspielerin und Diseuse, der über Jahrzehnte die Männerwelt zu Füßen lag. Diese Biographie brilliert durch 170 exzellente Fotos und eine hervoragende Recherche.

Gustav Kiepenheuer Verlag

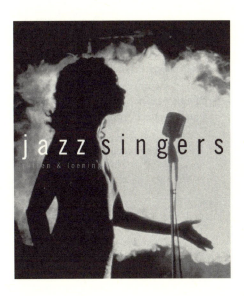

Jazz Singers

*Aus dem Englischen
von Brigitte Jakobeit
und Peter Niklas Wilson*

Mit 147 Fotos
160 Seiten. Gebunden
ISBN 3-352-00629-6

Während seines fast siebzigjährigen Bestehens galt der »Melody Maker« nicht nur als Bibel der Pop- und Rockmusik, sondern auch der Jazzszene. Im Lauf der Jahre interviewten die Musikkritiker des »Melody Maker« alle großen Jazzsängerinnen und -sänger von Billie Holiday bis Frank Sinatra, von Tony Bennett bis Peggy Lee. Diese Exklusivinterviews mit zwanzig herausragenden Jazzgrößen werden ergänzt durch Kurzbiographien und Listen der wichtigsten Aufnahmen. Im Mittelpunkt dieses Bandes aber stehen die einzigartigen Fotografien der prominentesten Jazzfotografen der Welt, darunter William Claxton, Bob Willoughby, Herman Leonard, Val Wilmer und David Redfern, die den Jazz mit seinen berauschenden Höhepunkten, aber auch mit seinen Abgründen in unvergeßlichen Bildern festgehalten haben.

Rütten & Loening

Werde nie müde mir zu sagen daß Du mich liebst
Die schönsten Liebesbriefe

*Herausgegeben
von Annette C. Anton*

*Mit 6 Abbildungen, 185 Seiten
Seidenglanzbuchleinen
ISBN 3-352-00628-8*

»Werde nie müde mir zu sagen daß du mich liebst«, schrieb Goethe am 23. Juli 1784 nicht zufällig an Charlotte von Stein. Es war eine Aufforderung, nicht zur Liebe selbst, sondern dazu, ihr eine Sprache zu geben. Die in diesem Band versammelten Liebesbriefe gehören mit zu den schönsten Texten der deutschen Literatur, sie sind so frisch und unverbraucht wie am Tag ihrer Entstehung. Sie lassen uns teilhaben am Schicksal anderer, und deshalb lesen wir sie mit Ergriffenheit oder Neugierde, mit Bestürzung oder Erheiterung. Jedem Brief ist in wenigen Sätzen eine kleine Geschichte seiner Entstehung vorangestellt. Mit Briefen von: Thomas Mann, Franz Kafka, Friedrich Nietzsche, Gottfried Keller, Wolfgang Amadeus Mozart, Bertolt Brecht, Johann Wolfgang von Goethe, Sigmund Freud, Arthur Schnitzler, Paula Modersohn-Becker, Clara Schumann, Rosa Luxemburg, Bettina von Arnim u.v.a.

Rütten & Loening

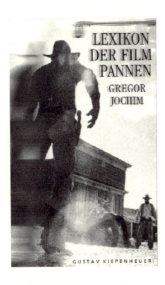

Gregor Jochim
Lexikon der Filmpannen

*Mit 77 Abbildungen
und einem Daumenkino*

160 Seiten. Broschur
ISBN 3-378-01050-9

Als exzellenter Filmkenner und passionierter Kinogänger hat Gregor Jochim über Jahre hin Filmpannen beobachtet und für dieses Buch ausgewertet. Entstanden ist eine Sammlung, die sich dem Filmbusiness von seiner kuriosesten Seite nähert und die den Glamour der Stars und Sternchen auf wohltuende Weise zum Bröckeln bringt. Der Leser, der nach der Lektüre dieses Buches um so lieber ins Kino geht, weil er gelernt hat, auf Details und »Anschlüsse« zu achten, gewinnt einmal mehr die Gewißheit, daß niemand, auch der berühmteste Regisseur nicht, unfehlbar ist.

Ein vergnügliches Kompendium mit ausführlichem Register, nicht nur für Filmfreaks, sondern für alle wachsamen Zuschauer.

Gustav Kiepenheuer Verlag